SHODENSHA
SHINSHO

あなたが就職試験に受からない理由

平野 稔

JN276094

祥伝社新書

はじめに

新卒学生の就職が超氷河期だと言われる。テレビでも、リクルートルックの男女学生に、何社受けたかのインタビューがしばしば放映される。

気の毒なことに、大方は数十社訪問して、いまだに一社の内定もないという。多くのインタビューの中から、まだ内定がもらえない学生だけを登場させるテレビ局の演出もあろうから、実態は少し違うのかもしれないが、学生の就職戦線が苛酷なことに変わりはない。

インタビューで、数十社を受けて内定がないという学生たちを見ていて正直、気の毒でもある。「自分のどこが悪いのかわからない」「自分の何が会社にとって不足なのかわからない」という切実な訴えを聞くと、「社会や大学がもっと彼らに適切で具体的な指導をしてやるべきではないか」「社会が彼らに本質を教えていないからだ」と感じる。

そこで本書では、あなたたちのこれからの長い人生のためにも、昨今の類書にないアプローチで、その「受からない本当の理由」をきちんとフィードバックし、採用における企業側の本音や就職活動の内幕をも明らかにしてみたい。これによりあなたたち自身も意識の大転換を図ってもらいたい。

そして、「受からない理由」がわからないあなたたちが、本当にわかっていないのは、実は「自分自身」だ。自分がわからないから対象の企業レベルも、自分との相性も、その落差や間合いもわからず、「闇夜に鉄砲、数打ちゃ当たる」式に、人気の企業に効果ない玉砕攻撃を繰り返しているのである。

さて「受からない理由」。残酷な言い方に聞こえるかもしれないが、あなたたちはひょっとして初めから「合格できないグループ」に入っていることに気づいているだろうか。

一部の学生は、五社、六社から内定を受け、皆辞退している事実。この違いはどこからくるのか。

企業の採用担当者といえども、採用における決定的に有効な選抜方法は持っていない。彼らは無難な選択に走らざるをえないのである。その無難な方法のひとつが学歴だ。

「いや、そうとも言えない。有名校でなくても、ちゃんと入った者がいる」

と反論する向きもあるかもしれない。しかしそれは、その学生が採用担当者を惹きつける抜きん出た魅力を持っていたか、企業側が特定の学校に偏《かたよ》った選抜をしていない証明に少々のバランスを取った結果に過ぎない。そのくらい、企業の採用担当者は学歴偏重の呪縛から逃れられないのだ。

試《こころ》みに有名企業の役員、社員のリストを作ってみれば、驚くほど高偏差値校出身者が多く、企業ごとに、一定の大学に偏りがあることがすぐわかる。

本書は不幸にして（けっしてあなたたちを軽侮して言っているのではないし、そんなことは本当は不幸でも何でもないことを後述したい）、有名ブランド・高偏差値校出身でないあなたたちに、

「自分の大事な人生の選択を、相手企業の採用担当者になど委《ゆだ》ねるな」

「人生を賭ける選択は企業にさせず、自分のほうから企業を選択するのだ」

と声を大にして訴えたい。

本書の観点や主張、あるいは提案は、明らかに他の就活類書とは異なる。一部にはマニュアル的要素も織り込んだが、むしろ人間として基礎的な能力＝「基礎人間力」こそ重要であるという点に注力した。

就職試験は、筆記や面接が直接の決め手ではあるが、実のところ、会社を訪問した瞬間に結果が出ているといっても過言ではない。それがその人の姿、服装、顔つき、立ち居振る舞い、物腰等を総合した「基礎人間力」である。

それは残念ながら一朝一夕に身につくものではない。あるいは明日の面接には間に合わないかもしれない。だがこれなくして、就職試験は、いつまでたっても受からない。今すぐにも心がけを変えてほしい。

本書では、迂遠《うえん》と思われることでも、結局は「これが一番近道である」との確信を持って、企業の担当者の琴線《きんせん》に触れる人間的魅力を身につける心がけのヒントを記した。

企業人の第一歩はすでに始まっているという認識に立って本書を読んでいただき、各項目の意味と内容を冷静に受けとめ、自身の改革に挑んでいただきたい。本書がその一助になれば、これに過ぎる喜びはない。
良き人生の一歩を、ここに踏み出されることを切望する。

平成二十三年九月吉日

平野《ひらの》　稔《みのる》

目次

目　次

第一章　就活における「選択」と「戦略」

■脱却すべき「有名ブランド企業神話」

今日の就職難は、たしかに気の毒だ。しかし学生の側にも問題がある。

もし、あなたがとくにこれといった対策もないまま、いざ就職を前にして、自分の資質や能力もわきまえずに、合格の見込みのない企業を受験してあえなく玉砕という事態を繰り返しているのだとしたら、あまり同情に値しない。それは、あまりにも感度や知恵がなさすぎる。

子どもの頃から人生の目標を明確に持ち、それに向かって努力してきた一部の若者に比べ、人生の目標も希薄なまま無防備で就職活動に入ってしまったあなたは、その自覚と認識を持つべきだ。

では、少しでも賢い選択や、よく練られた戦略で活路を開くためには、どうしたらいいだろうか。「選択」というポイントで考えてみよう。

今、就活に努力しているあなたたちの大多数は「有名ブランド企業」に入りたいと考えている。その選択は果たして正しいのだろうか？

自動車、電機、鉄鋼、金融、保険、流通、マスコミなどの大企業には、数万人の社員が働いている。さらに毎年三〇〇人、五〇〇人の新入社員を採用する。そこを選ぶあなたたちは、自分の将来をどのように描いているのだろうか？

数百人の同期の中で頭角を現わし、自分のやりたい仕事を任され、多くの部下を指揮し、魅力的なプロジェクトに挑戦して成果をあげる。そんな充実した仕事人生を夢みているのだろうか？　それとも「いや、そこまで望んでいるわけではない。人気企業の一員に加わり、安定したサラリーマン人生で満足だ」と考えているのだろうか。

もし後者であるなら、それはむしろ公務員を選ぶべきだろう。なぜなら企業は否応《いやおう》なく競争社会なのだ。

平凡なサラリーマン人生とはいえ「いずれ部長か、うまくすれば役員クラスになり、社会的にも経済的にも充実した人生が送れる」と思っているあなたは少々甘い。といってはじめから、よもや業績悪化でリストラの憂き目にあったり、未開地の海外勤務に押しやられたり、課長止まりの窓際で定年を迎えるなど、悲観的な将来を想像してはいないだろう。しかし、五〇〇人の同期社員のいる大企業では、現実にごく普通にありえる。

あなたが高偏差値大学の成績上位者なら、それら人気企業ランキングに名を連ねる大企業を狙うのもいいだろう。しかし、残念ながら学歴ではその路線からはずれており、かつ際立《きわだ》った自分の優秀さを披瀝《ひれき》できる自信のない者は、むやみに有名大企業に突進する「愚」は避けるべきだ。他にあなたを活かす道はいくらでもある。充実した人生の選択を最初の入口で間違えてはならない。

選択の第一は、有名大企業に挑戦するのが適当か、他の道はないか、まずじっくり考えるところから始めてほしい。

POINT▼ 就活戦略の第一歩は、まちがいのない選択から

■人気企業は、最初からあなたに興味がない

あなたの出身校は東大、京大、一橋、東工大、早慶、上智、MARCH（明治・青学・立教・中央・法政）、お茶の水、津田塾、東女、本女、……クラスに入るのだろうか？

これらの大学在籍で成績上位なら本書は無用。複数の内定がとれ、ゼミの担当教授から企業への推薦状も書いてもらえるだろう。

ところがこのクラスからはずれる総合大学の経営学部などはそうはいかない。なぜなら、少ない就職のイスの大半は、前述の大学の学生に大方予約されているからだ。公平なチャンスが与えられないそのわけは、企業の人事担当者もまたサラリーマンに過ぎないという点にある。

「まったく、人事部はろくな新人を送り込んでこない！」

という社内の批判を警戒し、

「高偏差値の有名大学から選んでおけば間違いないだろう」

と考える。さらに、

「将来この学生は、わが社の社長か役員候補として採用したい」

などという意識で選抜しているわけではない。仮に学生の中に突出した能力の持ち主がいても、

「それがむしろ将来物議を醸《かも》すことにもなりかねないのでは……」

と躊躇する。そのため例年、似たような、善良で、お行儀の良い、組織風土に溶け込めそうな、学校偏重の人材採用となるのだ。


さらにつけ加えれば、人事担当者は採用試験の様式やメソッドのベテランではあっても経営者ではない。経営者が持ち合わせる「人物を瞬時に見抜く抜きん出た眼」(中堅企業の経営者ほど鋭い)を持っているわけではないのだ。使いやすい部下が採《と》れればよい。

そんな理由で地方の国立大学や中偏差値の私立大学の学生は、きわめてユニークな思想や資質、感覚を持っていても、人気企業のハードルは相当高いと言わざるを得ない。

このように大企業側の「ふるい」と「範疇《はんちゅう》」は最初からあらかた決まっている。これが、枠外のあなたたちがエントリーシートを徹夜で仕上げ、会社説明会参加の希望を再三出しても、「満席」の通知が届くばかりの事情なのだ。そう、あなたたちにチャンスが廻ってくる確率はきわめて低い。

それでも多くの学生は人気ブランド企業に群がり、短い就活戦線の大切な時間とエネルギーを費やしている。そのことに早く気づき、進む方向を転換するべきだ。

もしあなたが自己の資質や能力にそこそこの自信があり、職業に就く意欲や情熱もまた、他に負けないと自負できるならば、思い切って将来性、成長性のある中堅企業、中小企業を選択肢に加え、それらの情報を集めてみよう。はるかに自己を活かし、充実した仕事人生を送れる可能性が高いのではないだろうか。

「鶏口《けいこう》となるも、牛後《ぎゅうご》となるなかれ」。

POINT▼ 対象を変えれば、あなたを求める企業と席はいくらでもある。

■「業種」「職種」を決められないあなたへ

「これまでにどんな会社を回りましたか？」と聞かれた答えが、金融、証券、商社、マスコミ、流通……では、相手に「一体何をやりたいのか！」とあきれられてしまう。即座にあなたへの興味は失われ、「お呼びでない！」となるにちがいない。

何がしたいかわからないまま就活に突入するあなたは、希望企業をどのような基準で選ぼうとしているのだろう？　憧れやイメージの良い会社という、曖昧《あいまい》な感情で選んではいないだろうか？　だが、その選び方はあなたにとってリスクが大きい。

たとえば「出版関係」に就職を希望する者が、入社してみたら、配属は経理部。イメージしていた編集の現場からはほど遠く、来る日も来る日も数字と電卓とパソコンだったとしたらどうだろう。果たして仕事の充実感、満足感は得られるだろうか。

一方「職種」で選択する場合は、おぼろげながら仕事内容がわかっており、自己の性格や能力に合っているというところからスタートする。

「編集者になりたい」「装丁デザインの仕事に就きたい」

このように仕事内容が絞れれば、その分野で自分を活かし充実させてくれそうな企業をひとつのライン上で探せばいいのだ。編集の仕事ならば何も出版社とは限らない。ローカルの新聞社にも、製本印刷会社にも、広告代理店にもあるかもしれない。

「業種」か「職種」か？　と問われたら、筆者は即座に「職種」で選ぶべきだと進言したい。

これらの作業の初めに、まずあなた自身の価値観について考えよう。自らの価値観は業種に反映され、好き嫌いは職種に影響を与える。

たとえばあなたが金銭の貸し借りやお金に細かい人間を卑《いや》しいと思うなら、金融関連の業種は選択肢から落ちるだろう。父親が技術者で、その職人魂を尊いと思って育った人間ならば、ＩＴ業界や証券など、しくみを動かすだけで金儲けをする業界は合わないだろう。

また学生時代の集まりで、さほど苦痛を感じず幹事をこなしてきたのなら、営業職や販売職などが向いているかもしれない。

自分自身の資質と性格を知り、希望職種をいくつかに絞り込むことだ。それこそがあなたが一番最初にすべき、最も重要な就活戦略である。

POINT▼　まず、自分がやりたい「職種」を固めよう。

■あなたは「アビリティー派」か「コンピテンス派」か？

企業に入って戦力になるには二つの能力が必要だ。

その能力の違いが、大企業向きか、中堅・中小企業向きかを分けるひとつのモノサシともなる。

アビリティーは自己完結の能力で、試験で高得点をとるような能力だ。これは報道記者、編集者、研究員、一般の企業では企画担当など、自分ひとりで推進し、しかも知識や知性を必要とする職種には欠かせない。いわば一匹狼のような仕事をする者に不可欠な能力。

一方コンピテンスは、集団の中で発揮される力だ。チームや組織の生産性をメンバーと一緒になって上げて行く能力。総務、経理、人事、営業、広報など、会社のほとんどの部門でこの能力が欠かせない。

たとえば学校秀才はアビリティーに優れ、体育会や大学祭で実行委員などを務める者はコンピテンスが高い。どちらも必要な能力だが、企業活動に、より多く必要なのはコンピテンスだ。

数百人単位で採用する大企業ならばアビリティーの高い社員も何割かは必要だが、中堅・中小企業は、コンピテンスに優れた社員がいなければ、会社は回っていかない。

自分は果たしてどちらのタイプか、冷静に判断しよう。

アビリティーが強いなら中堅・中小企業は避けたほうがいい。営業から総務まで何でもこなせなければ勤まらない中小企業では、求められる仕事の範囲の広さと濃密な人間関係についていけない恐れがある。

逆にコンピテンスの高い人間は、大企業・中堅企業どちらもＯＫだ。人間関係力こそ仕事とその成果に直結する。

ただ、大企業にはアビリティー尊重の傾向があるので、せっかくコンピテンスを持った人材の真価を見抜けない場合も多い。そんな上司の下で小さくまとまるよりも、ユニークで魅力あるトップに率いられる中堅企業に進むことを奨励したい。

人生の分岐点に立つあなたの、賢明な選択を期待している。

POINT▼「アビリティー」と「コンピテンス」の違いの正しい理解こそ重要。

■強い中堅企業はトップがすごい！

学生が殺到する大企業の採用現場は、企業にとっても、かなりの量の不適格者を採用するリスクの場ともなる。せっかく採用した学生が早期離職したり、同期入社組による熾烈な競争で、うつ病になる社員も多い。

その点、中堅・中小企業は、人物そのものをよく見る採用が行なわれ、そうしたミスマッチが避けられる可能性が高い。

中堅・中小企業であっても、高偏差値校出身者は欲しいにちがいないが、採用担当者はその点だけに注視しない。

なぜなら、はじめから優秀な社員が集まってくる大企業に比べ、中堅・中小企業は、入社後の教育や訓練によって将来の幹部を養成して行こうという意欲が高いからだ。したがって磨けば光るポテンシャルを持っているか否かに重きを置く。あくまで可能性のほうに力点が置かれた選抜方式である。

大企業の人事担当者は、自社といえども経営トップと直接話す機会はまずないが、中堅・中小企業の担当者は自分が採りたいと思った候補者を社長に会わせる計《はか》らいも可能だ。

そのため大企業であれば役員面接まで行けない学生も、中堅・中小企業では、役員あるいは社長面接で、じっくり人物を見てもらえるチャンスがある。

これら中堅・中小企業のトップは、人物を見抜く眼力に長《た》けている。長年、その能力で会社を大きくしてきたのだ。

そして、それら経営トップは学歴にはたいして興味もないし、また重きを置かない。筆記試験の成績など実業であまり役に立たないこともよく知っている。過去の経験を通して、超有名大学の出身者でも、使えない人間を数多く見てきたからだ。

中学しか出ていない田中角栄《たなかかくえい》元首相が東大や京大出身の官僚を手足のように使い、それら官僚が頭脳のキレでは角栄氏の足元にも及ばなかった事例の如く、実社会にはそういう例が山のようにあることを熟知している。

そして仕事においては高学歴であってもまるで使えない者と、低学歴にもかかわらず高能力を発揮する者がハッキリ見えてしまうのが中堅・中小企業の職場である。

もしあなたが自己の資質や能力を信じる若者ならば、思い切って成長性のある中堅・中小企業で自己を活かす道を選択してみてはどうだろうか。

POINT▼　中堅・中小企業の経営者は、人物を見抜く眼力が鋭い！

■重視すべきは「企業文化」と「社風」

あなたの選択に、企業の持つ「文化」や「社風」という視点はあるだろうか？

企業には、それぞれ歴史の中に脈々と受け継がれる「色」と「風」がある。良くも悪くも社員は、この最初の就職先の社風に少なからず影響される。もし仮にあなたの価値観と社風が相容《い》れない部分があったら、それは不幸な選択だと言わざるをえない。

そのような企業選択のミスマッチを避けるためにも、社風や企業文化の研究は入念にしなければならない。むしろ給与や待遇、知名度よりも重要な選択基準と言えるだろう。

その会社の文化や社風は、まぎれもなく創業者のものの考え方や哲学に起因している。創業者の強烈な個性や創造力、あるいは魅力的な人間性に根ざすのだ。ゆえに、徹底的にその会社の創業者を研究することである。

たとえば業界トップを走る大手宅配便会社の創業者には、

「利権と既得権益ばかりが横行している日本の通運業界に風穴を開け、運輸を根本から変革したい」

という強い意志があった。その意志が次々と新たなサービスを生み、人々に支持され、日本全国翌日配達という不可能を可能にしたのだ。

また、某製薬会社の創業者は、難病で苦しむ人々のために、自社で研究した成果を特許申請することなく他社に公開した。病気で苦しむ人へ少しでも安く、ひとりでも多くクスリを届けたいという強い思いからだ。

このように企業の創業期、成長期を牽引するのは、創業者の思想や哲学とパワーによるのだ。それらの創業者はまぎれもなく、ライオンである。一匹のウサギに率いられた百匹のライオン（優秀な社員で構成する大企業）と、一匹のライオンに率いられた百匹のウサギの集団（中堅企業）では、はるかに後者が強い。後者はいずれ業界トップの大企業に変貌して行く。

あなたたちがその他大勢のひとりに加わる大企業を狙うのか、強烈な個性と魅力的なパワーを持つ創業者の下でともに仕事をする道を選ぶのか、いずれにしろ、企業文化と社風を十分研究し、まちがいのない選択をすることを望みたい。

POINT▼ 自分が共鳴、共感できる魅力的な創業者を探せ。

■ぜひ知っておきたい、とっておきの秘策

インターネットの情報も会社案内の内容も、就活生なら誰もが持っている情報だ。さらにはどこかの就活本が教えているような経営情報や株価を知ったところで、あなたにさほど優位には働かない。

それよりはむしろ企業の理念や精神、会社を取り巻く環境の変化、商品開発情報などを少し長いスパンで徹底して押さえてゆくことを勧めたい。

企業にとって重要なのは過去でなく未来だ。ゆえに企業研究の目的は、その会社の方向性を理解することである。会社の進もうとする方向やフィールドを理解することで、あなたは就活を断然優位に展開できる。そのためには企業活動を点で見ていても理解できない。線でつないではじめてその全体が見えてくる。

もしもその企業の戦略が、ある国への市場拡大であるとわかれば、対象国の情勢、文化、言語など、あなたの研究すべき対象も明確となり、まさしく対策がとれる。

希望する企業あるいは業種が絞れたら、A４のスクラップブックを用意しよう。その企業に関わるどんな小さな情報や記事も漏らさずスクラップしてゆく。企業だけでなく、同業他社のニュースが載った業界情報も取引先情報も、大事な情報としてスクラップする。

こうして一年、二年と時間をかけてスクラップ作業を進めてみると、その企業の戦略が読めてくるし、あなた自身の会社への期待や思い入れも強まっていくにちがいない。少なくとも面接でのあなたの質問は的《まと》を射たものとなるだろう。不勉強な社員よりも、よほどその会社への理解が進んでいるからだ。

そんな質問ひとつで採用担当者はあなたに関心を示すにちがいないが、よもや鞄《かばん》の中から自社の社名の書かれた分厚いスクラップブックでも出てくればどうだろう。

そう、皆と同じ武器では戦えないのだ。

POINT▼ 採用担当者に熱意を届ける武器を持て。

■散らかった部屋で、有効な就活戦略は立てられない

何かに挑む時は、無理のない周到な計画が立てられた段階で、その成功は約束される。

あなたは自分の使える武器をどう用意し、どんな戦略と戦術を組み立てればいいのか、考えただろうか。

ただ闇雲に行動を起こすと、壁に当たるたび、あるいは新たな情報に接するたびに軌道修正を余儀なくされ、貴重な時間とエネルギーを浪費してしまう。アクションをとるための裏付け、優先順位、混乱している情報の整理、弱点をカバーできる対策、これらを整理することが必要だ。

しかしノートを広げ、机の前に座っても、おそらく数行も書かないうちに日が暮れてしまうということが往々にして起こりうる。

そんなあなたが、まず手をつけるべきは、（こういうと唐突に聞こえるかもしれないが）実のところ掃除かもしれない。

掃除といっても、汚れを落とすというより整理整頓のための片付けだ。これからの自分に必要なものを残し、あとは思い切って捨てる。この作業を始めると、次々にやりたいことが増える。つまり「次」が見えてくるのだ。

掃除の効用はあなたのエネルギーを増大するところにある。満足感とともに「やる気」が満ちてくるはずだ。

見ちがえるように明るく、空間のできた部屋には、よどみは消えている。

日本人の精神構造は、畳の敷かれた四角い空間のほうが居住まいを正しやすい。作家・幸田文《こうだあや》は父露伴《ろはん》から「精神のゆがみは、部屋にモノを置き過ぎ、部屋の角《すみ》を緩《ゆる》めているからだ」と教えられたという。

あなたにとってのこの掃除は、区切りである。段取りを考えながら汗を流したその手順をそのまま応用し、さあ就活の段取り（戦略）に移ろう。

POINT▼ 何をすれば良いかわからなければ、身の回りの片付けから始めよう。

■就活で縁故を頼ることの是非《ぜひ》

どちらかと言えば学生時代までは、他人《ひと》様のお世話にならずとも自分ひとりで生きられた。ところが実社会に出るとそうはいかない。あなたも遠からず自分の力では動かない壁があることを知るだろう。その時、自分がいかに卑小《ひしょう》であるかを思い知らされる。

名刺があるから、取引先の担当者は会ってくれるし、話も聞いてくれる。だがもし名刺がなければ、よほどの実力者でも、他人にほとんど影響力を行使できないということを、企業の先輩はみな知っている。

財界の大物の話で一例をあげれば、M電器の創業者、M会長は昔からアメリカ車が好きで、専用車は常にキャデラックだった。

外車輸入の最大手商会のY社長は、日本一の電器メーカーのトップに何とかベンツに乗ってもらいたいと散々努力して働きかけた。しかしなかなか門は開かれず、乗り替えてはもらえなかった。

そこで、「M会長がこの人の言うことなら耳を傾けてくれるという人はいないか」と考えた。ひとりいた。同じ関西出身で日頃から昵懇《じっこん》の噂のK電力の会長A氏である。A会長にその旨を話すと、「今度会った時、話してみよう」と引き受けてくれた。

数日後、M電器本社からベンツの注文が入った。社長のトップセールスでも何年かかっても取れなかった受注が、いとも簡単に実現したという。

もっと身近な例で言えば、家族の誰かが病で倒れ、総合病院で診《み》てもらう必要が生じても、一週間先、ひどい時には一カ月近く先の予約しか取れないということがままある。しかし知り合いの医師に頼み、紹介状を書いてもらえば、翌日にも検査を受けることも、場合によっては可能だ。一刻を争う病気の時には、誰の伝手《つて》を頼ってでも、何とかしたいと考えるだろう。

これがコネクション（関係）・パワーあるいはインフォーマル（非公式、私的）・パワーと呼ばれるものだ。表門から行けば堅い扉も、インフォーマルな力では容易に開けることができる例でもある。

このように人には、「この人の言うことなら話を聞く」というキーパーソンが必ず存在する。

「頼みもしない代わりに、頼まれるのも嫌だ」

というのも人生だが、生きる世界は狭くなる。そして大人物ほど頼まれごとは多く、それが信用そのものをつくる。

つまりコネクション・パワーは「信用力」である。

ゆえに、これを不正行為と早とちりしてはならない。

「就職に縁故で臨むことを潔《いさぎよ》しとしない」

という人も中にはいるだろうが、実社会も人生も、コネクション、人脈、キーパーソンの存在なくして、大事はほとんど達成されないことを知ってほしい。

この就活に当たってあなたにも、親の友人知人、会社関係者、取引先、親戚や恩師、友人や先輩、またはその縁につながる人の中に、必ずあなたを助けてくれるキーパーソンがいる。就職先企業に口を利《き》いてくれたり、推薦を働きかけたりしてくれる、その人の力をお借りすることも有効な戦略のひとつだ。
まさしく人生と社会は、頼みごとと頼まれごとの相関の連鎖なのだ。そして人生の豊かさのひとつは、このインフォーマル・グループをどれだけ持っているかで測られることもまた真実である。

POINT▼ コネクション・パワーは人生の資産である。

■戦略としてのアルバイト活用法

「戦略としてのアルバイト」などと、妙な話と思うだろう。もしあなたがこれまでの人生で何かに深く打ち込んだ経験を持たない学生ならば、家庭教師やコンビニ、居酒屋、プールの監視員、バイク便など、今さらありふれたアルバイトをするよりも、人生ここでしか体験できないアルバイトを選んではどうだろうか。

たとえば夏休み、ファームステイし、農家で収穫や家畜の世話をする。魚市場や加工場で働く。ゴミの収集の仕事をする。山小屋に荷物を運ぶ。葬儀場で働くなど、通常では経験できない、しかも少しつらい世界の仕事にあえて飛び込んでみるのだ。他人の世話や始末、あるいは縁の下の力持ち的な人目につかない仕事を選ぶ。

この体験は、採用面接やエントリーシートに必ず役立つだろう。アルバイトを生活費の足しやこづかい稼ぎでなく、貴重な体験にするのだ。

楽で危険のない仕事からは多角的で重層的な社会の構図は見えて来ない。汗にまみれ、身体を酷使する仕事のほうが労働の本質を知ることができる。

その体験はあなた自身に厚みと深みをつけるとともに、仕事観や社会人としての覚悟と責任を教えてくれる。さらに場合によっては、この先の人生の壁を低くしてくれるかもしれない。

コンビニで店長を長く任されたという苦労話も、所詮アルバイトの浅い経験にすぎない。その程度の話が面接官の心を打つことはない。しかし、面接官でさえ想像できない世界の労働体験は、真実が重みを添える分、聞く者の心に届くものだ。

ボランティアを就活の道具に使うのは清くない。しかしアルバイト経験を自分に足すことは、戦略のひとつに加えて良いのではないだろうか。

POINT▼　アルバイトは、エアコンのない場所で、多少つらい体力仕事を選べ。

■服装も自己表現の手段に利用すべし

夏の盛り頃から街では明らかにそれとわかるリクルートスーツの若者を多く見かけるよ

うになる。うだるような暑さの中、一様に同じ色調のスーツに身を包み、同じ黒い鞄やA4の封書を抱え、いかにも疲れた顔で信号待ちをしている。

女性たちは学生時代の茶髪をあっさり黒髪に戻し、後ろに束《たば》ね、タイトスカートに黒パンプス。判をおしたかのように寸分違わない。

男子学生もしかり。

たとえば、例年TVに映し出される大手流通業の入社式で、数百人の女子新入社員がひとり残らず髪を後ろで束ね、白い開襟のシャツにダークグレーのスーツという姿を見て、軍隊か、どこかの宗教団体のような画一的組織を連想して、いささか無気味さを感じてしまうのは筆者だけだろうか。


それもそのはず、大学の就活指導で「就活では服装で個性を強調するのではなく、中身で勝負せよ」と教えられ、就活本にはシャツの色や形、靴の種類、バッグ、アクセサリー、髪型まで事細かくアドバイスしているものが少なくない。

就活必死のあなたたちは「服装で減点になってはかなわない」と教えられた通り、無難なリクルートファッションに走る。

言っておくが、服装が減点になって落ちる学生はいない。よほど清潔感がないものやTPOをわきまえないものは別だが、むしろ服装は、その人の個性を現わす重要な情報である。

個性を尊重する目的でわざわざ中学や高校の制服を自由化しておきながら、社会人になろうという段階で「個性はいらない」という。そう主張する就活本や教育関係者たちには、

「服装や顔つきに、その人物の人間性や知性は現われる」

という真理が抜け落ちているのではないだろうか。

腕にロレックスの金時計をはめ、光沢のあるスーツにコンビの靴、金のネックレスと太いブレスレットという男性がベンツから降りて来たら、誰しもその筋の人間だと想像するだろう。服装はその人間の個性がたちどころに現われる情報そのものだ。

「人間は中身である」、これは疑うべくもない。

しかし、正論ではあるが、この場では当てはまらない。

就活という場面ではごく短時間であなたという人間の情報を、最大限伝えなくてはならない。このような一見まっとうだが、本質を見ていない意見に惑わされず、自分はどういう人間かをきちんと伝える手段として服装を考えてみてはどうだろう。

奇抜なファッションで度肝《どぎも》をぬけというのではない。判で押したようなリクルートスーツの学生たちの中で、人に流されない意志を持ち、最もあなたを表現できる服装で臨むことは、むしろ採用担当者には新鮮で好印象を与えられると思う。

POINT▼　リクルートスーツには、もっと自由度を！

■本当のライバルは、女子パワーとアジアンパワー

二〇年以上前、視察でアメリカを訪れるたびに驚かされたのは、女性管理職の多さであった。まだ日本の女性たちが補助的な仕事しか与えられていなかった時代、アメリカのオフィスで男性社員の最前列で名刺交換する管理職のほとんどが女性であった。

「当社の副社長のバーバラです」

「営業統括マネージャーのナタリアです」

まったく堂々としたものだった。

アメリカの時間差相似形と言われる日本でも、いつかこのように女性たちが台頭してくるのだろうか？　と思っていたが、最近の日本女性の活躍は、いよいよ日本も「女性の時代」に突入した感が深い。

なでしこジャパンのサッカーワールドカップ優勝、世界一のソフトボール、女子ゴルフで世界ランキング一位となった宮里藍《みやざとあい》の活躍、フィギュアスケートやマラソンなどなど、まず、スポーツの世界では日本女性の活躍がめざましい。

ビジネス社会においても語学センスが高く、どこへでも出張し、ソフトに営業をまとめ、必要とあれば単身海外勤務もいとわない。普通に結婚し、子育てをしながら男性と同量の仕事をこなす、そんなビジネスの第一線で活躍する女性たちが珍しくなくなった。

彼女たちの多くは、子育てと仕事を両立させるために、時間のやりくりをしながら、何倍ものパワーで男性と同量の仕事をこなす。加えて女性特有の感性の高さと市場を読み取る感覚の鋭さで質の高い仕事をする。そのウーマンパワーを企業が活用しないはずがない。つまり今後ますます、企業の女性への期待は増すことになるだろう。

一方ビジネスのグローバル化は加速し、企業の採用枠にはアジアの若者たちが加わる。現地法人を次々に立ち上げなくてはならない今日、優秀な現地社員はどうしても必要だ。

彼らは、アメリカやヨーロッパなどへ留学し、世界レベルに通用する青年たちだ。優秀さも半端ではないが、祖国を日本同様の豊かな国にしたいという強い願いと使命感を持っている。この優秀な外国籍社員が管理職に抜擢されて、日本の本社に次々とやってきても少しもおかしくない。

これらアジアや中国の農村出身の若者たちに共通するハングリー精神は、とうてい日本の若者がかなうものではない。

これからの日本は、それらの人材と数少ないイスをめぐり、戦う時代になったのだ。草食系などとからかわれ、牙《きば》も持たない日本の若者は、たとえ高学歴であっても、もうそれだけでは戦えない。相当、腹をすえて社会に出ていかないと生き残れない時代である。

POINT▼ 社会に出てから相手となる敵は、ますます手強《てごわ》い。

第二章　「基礎人間力」養成講座

■「基礎人間力」とは何か？

もし仮に、採用面接が一切質問をしないで観察だけで合否を決めるとしたら、数人の担当者の票はそれほど割れず、特定の人間に集まることが、いくつかの実験で証明されている。

また、職業も役職もまったく知らない数人を丸裸で風呂に入れ、二言三言の会話をさせればそれだけで、それぞれの性格、感度や感覚、職業や役職、趣味や嗜好などがわかるという実験もある。

それは何を意味するのか。人間の評価は話を聞いてみなければわからない部分と、一言も言葉を交わさなくとも、見ただけでおおよその判断ができる部分の二つがある、ということだ。

人は相手の風貌や印象、所作や立ち居振る舞いを見ただけで、その人間の気質・性格、能力やパワー、ポテンシャルを大枠でつかみとる。

就職試験の面接も例外ではない。

部屋に入ってくる。少し長い距離を歩いて指定された席にくる。礼なりお辞儀をして名を名乗り着席する。採用担当者に顔を向けて質問を待つ。最初の質問に応答する。

この辺で、その人物のおおよその人間性、感覚、能力、可能性などが見えてしまう。この程度の観察と印象で、ビジネスや商取引が左右されることもごく普通にあることだ。

つまり、人は自分の直観をかなりの部分、判断の基準や条件にしているのだ。

その直観に作用する力が「基礎人間力」である。

試験の一夜漬け勉強があまり効果がないのと同様、就活もマニュアル本でテクニックだけ学んでも、成功への道は遠い。

結局のところ、ものをいうのは、エントリーシートの書き方とか、面接の答え方などのテクニックなどではなく、むしろ、何も言葉を交わさなくても採用担当者の心に響く「ヒューマンスキル」ということになる。就職活動を始める段になって、この面での習得をめざすのはもう遅すぎるという声もあるかもしれない。だが、そんなことはない。急がば回れである。ほんの少し意識して自らの言動を見つめ直すという行為は、思いのほかの効果を生むということを、ぜひわかっていただきたい。

POINT▼ 遠回りに見えても、人間の「地金《じがね》」から創れ!

■社会的マナーの悪い人間は面接で見抜かれる

日本を広範囲で襲った未曾有《みぞう》の大地震。食べるものすらない被災地で略奪も、隣人同士が救援物資をめぐって争うこともなく、秩序を保つ姿を世界のマスメディアは驚きとともにに伝えた。

しかし一方で、遠く離れた町ではスーパーマーケットの売場から水や米が消えた。今すぐ必要でないものを買いだめに走る市民。人間のエゴが見え隠れして悲しい。

これを「モラル」という。

文字や法律に書かれたきまりではなく、精神の中に持つ見えない行動規範。それらは日常の行動の中でも見え隠れする。

たとえば、電車の席を立つ時に読み終えたスポーツ紙を網棚に捨てて行くサラリーマン。

子どもが残したジュースの缶を平気で置いてゆく母親。

ガムを歩道に吐き捨てる学生。

急な雨で買ったビニール傘を近くのコンビニの傘立てに捨ててゆくOL……。

このような社会的なモラルの低い人間を企業に迎えるわけにはいかない。

なぜなら企業社会では、反社会的な行動をとる社員がひとりいただけで、会社全体の責任が問われる。社員の行動が会社の評価と一体なのだ。ゆえに企業は、相性や能力以前に、まず人間として、あるいは社会人として「この人間を採って大丈夫か？」ということを確認する必要がある。

採用担当者が学生のどこを見てそれを判断するのか？　それは会話の中からかもしれないし、垣間《かいま》見える行動からかもしれない。が、たしかに見極められている。そこが学校の入試と大きく違う点だ。高校も大学も学力があれば入学できた。しかし就職では人間力が見られる。いくつもの方向からあなたは評価されるのだ。

モラルは精神のあり方であるゆえにマニュアル本はない。にわかに改善できるものでもない。子どもの頃から公共性を意識し、マナーを守ることの積み重ねで培《つちか》われる力だ。

あなたが社会に出る時には「成人」としての正しい資格を持って社会に出てほしい。

POINT▼　マナー、モラルを教えるマニュアル本はない。

■あなたは「間に合う」人間か？

「六日のあやめ、十日の菊」という言葉がある。端午《たんご》の節句に用いるアヤメは翌日では意味がない。九月九日重陽《ちょうよう》の節句に一日遅れた菊花も用済みの譬《たと》えである。

この「間に合う」というキーワードは、若いあなたたちにとって重要な評価基準だ。「彼は、彼女は間に合う！」、つまり「使える人」という意味だ。

では「間に合う人」とは、いったいどういう人物だろうか。

「間に合う！」とは、「時をはずさないこと」に加えて、「その事態に的確に対処できる」ことをいう。時間的に間に合えば、出来はどうでもいいというわけでは、むろんない。仕事の「質」も合格点でなくては、間に合ったことにはならない。

「質」は正確度であり、「量」は速度だ。つまり、間に合うとは「質」と「量」のバランスに他ならない。

どちらも大切な要素だが、しいて言えば、若いあなたたちは、少々雑でも期限内に間に合わせる速度のほうが優先されることを覚えておこう。いくら正確でも期限に間に合わなければ成果はゼロだ。

ひとつ例をあげよう。ある日、来社したコンサルタントが「今日はホテルがどこも取れない。何とかならないだろうか」とある社員に話した。当日はＪＣ（青年会議所）の全国大会がその都市であったため、市街地から離れた安ホテルまでどこも満室だった。

受けた社員は普段からナイスガイと評判のA君。即座に「何とかします！」と言い切った。彼に当てがあったわけではない。彼は、常に物事を前向きに対処しようとするアグレッシブな精神の持ち主だったにすぎない。

結局彼の才覚と奔走でことは解決し、コンサルタントが後日感心して筆者に語った。

「こういう場合、大方その第一声は『さあ、今日は難しいかもしれません。一応やってみますが……』と消極と逃避に走るのに、彼の『何とかします！』の返答は、実に気持ちが良かった」

というのである。

往々にして感度が良く、状況判断がいいと思われている人間ほど、自分のわずかな経験に縛られて、「それは無理だ」「なかなか難しい」と、簡単に判断を下してしまう。やってみなければわからない、といういい意味のダメモト主義こそ、人や局面を動かして行く原動力になることを、この例は物語っている。

もうひとつ、思い出すことがある。ある店を出店し、開店セールのまっただ中、小銭が切れた。折悪しく週末で銀行は開いていない。店内は大混雑。釣銭がないのではさらなる混乱と迷惑をかける。

その時、入社してまだ日の浅い女子社員のBさんが「両替してきます」と言って出てゆき、間もなく大量の小銭を抱えて戻ってきた。

どこでこんなにたくさんの小銭を調達してきたのかと問うと、「駅前のパチンコ屋でお願いしてみました」という。

パチンコ店など縁のなさそうなお嬢さんの彼女が、行ったこともない路地裏の事務所へ、何と言って入っていったのか、感心しきりの出来事だった。


このような「間に合う人間」には共通項がある。感度、機転、キビキビした動き。つまりあなたもスピードを常に意識して行動するクセをつけることだ。

道路も校内もサッサと歩いたほうがいい。とにかく機敏に動く。スピードは若い頃に鍛えねば一生身につかない運動能力なのだ。

そして「間に合わない人間」にもまた共通項がある。パーフェクトを求め過ぎる性質だ。もし、あなたが就職希望先から何か課題を与えられたなら、パーフェクトでなくていい。間に合うように仕上げるのだ！

今こそ　間に合う人間が企業には必要だ。


POINT▼「スピード」と「質」、企業でより優先されるのは「スピード」。

■人は他人の中に鏡を持っている

卒業記念誌や同窓会誌などに、文章とともに写真を求められた経験があるだろう。そんな時、一番自分らしいと思って選んだ写真が他人から見るとそうでもなく、別の写真のほうがあなたらしいと指摘される。そんな経験はないだろうか。

これが自分のイメージ、あるいは性格だと考えているものが、他人の抱くそれとは異なるケースは、けっして珍しくない。逆に思ってもみなかった性格や性分を、他人から指摘されて驚くことも多い。どちらが本当の自分だろうか。

正解は言うまでもなく、後者。他人に指摘された自分が、本当の自分なのだ。

これを「人は他人の中に鏡を持っている」（ショーペンハウエル）という。就活に当たって、とくに面接という場は、その鏡の前に素顔を晒《さら》すことを意味する。

これが真理であるとすれば、ネットで企業情報の収集に努め、マニュアル本でエントリーシートの書き方や面接の受け方をいくら付《つ》け焼刃《やきば》で学んでも、あるいは出来のいい演技で実像を覆い隠そうと努めても、結果は同じ、時すでに遅しだろう。

企業の採用担当者は人を観察し、その潜在能力を見抜くことにかけてはエキスパート、歴戦の勇士たちである。彼らはなまじっかの速成演技など簡単に見破ってしまう。受験者の演技が演技くさいほど、結果はみじめなものになる。

したがってあなたたちは、いいところを見せようなどと思わず、今まで生きてきた二十余年の人生の真実が表われるよう、あくまで素直な「地」の自分で、彼らの前に立つことである。

その時に中身カラッポ。価値観や知性、資質や能力、情緒や感情の在庫ゼロ、では困る。

さりながらどれも一夜漬けでは身につかない。だからこそ残された時間を、本書で論じている「基礎人間力」のひとつでも二つでも、習得できるよう精進してほしい。

POINT▼　面接でどんなに演技しても、実像は隠せない。

■危機管理ができない「想像力欠如人間」

「危機回避能力」は動物が生きる上で最も重要な能力だ。昆虫が天敵から身を守るために擬態したり、鳥が巣を安全な場所に作るのと同じく、人間も危険なものからわが身と家族を守る「想像力」を持っている。それは視覚、聴覚、嗅覚といった「感覚」と同じだろう。

しかし、近年この能力がかなり落ちてきていると言わざるをえない事例を目にすることが多い。
薄暮や未明に、点灯もせずに車を運転する人
平気で車道側をわが子に歩かせる母親
外は台風なのに地下の居酒屋で飲み騒ぐサラリーマン
ビルの工事現場の下を何も考えず通る歩行者
政情が不安定な国にわざわざ出かける旅行者
炎天下、車の中に幼児を置いてゆく親たちには、本当にあきれ返るばかりだ。
社会人の仲間入りをするあなたたちは、もう自分自身の「想像力」で生きていかなくてはならない。「これをしたら……もしかすると……」あってはならないこと、ありえないことまで想定し、最良の行動をとる習性が求められる。

先のようなささいな注意を怠らない努力が、仕事の上で活きる。朝刊で目にした他国のクーデターは原油供給に影響し、自社の原材料の確保を危うくするかもしれない。取引先の部品供給が止まるかもしれない。この状況が自社と取引先にどう影響するか瞬時に想像

し、非常事態に備えた対策を策定しなくてはならない。一歩遅れれば大きな損害につながる。それがビジネスだ。

つまり、ビジネスの基本中の基本能力は「想像力」にほかならない。

普段の生活の中と言えども常に想像力を働かせ、瞬間瞬間、安全で最良の選択を考えている人間でなくては、肝心な時にこの判断が働かない。「研《と》ぎ澄ます」とはそういうことだ。

企業はこの能力に加えて、危機に瀕したら敢然と立ち向かう覇気や気概を備えた人材が欲しい。こんな時代だからこそ一層重要視される能力だろう。

POINT▼　いつも「その先」を想像して、危険回避する訓練を。

■「素直さ」は、何にもまさる強い武器

会社で多くの上司、同僚から可愛がられ、部下からも愛される人間に共通する性質、それは「素直さ」だろう。

「素直は性格・性質と思われているが、そうではない。それは能力だ」と言った経営者がいた。他人の言うことを素直に聞ける、指摘されたことを素直に正す、他者の美点を認めたら素直に真似る。これは単なる性格・性質でなく、仕事人生をスムーズに歩んでゆくために不可欠な能力だというのである。

たしかに素直な人間は、上司にとってもありがたい存在だ。「叱りやすい」という言葉に置き換えても良い。

反対に叱りにくい人間ほど使いにくく、厄介《やっかい》なものはない。素直で叱りやすい人間にだ

け「次」というステージが与えられることを知っておこう。

ところがあなたたちの多くは「叱る」と「怒る」を混同している。

父親不在社会といわれ、ものわかりの良い父親とやさしい母親の庇護のもとで育てられた若者たちは「叱られる」ことに慣れていない。昔の先生や親父ならゲンコツで教えたような集団のルールも、今では体罰や虐待。純粋培養の若者たちはわずかな障害に突き当たるだけで想像以上に傷ついてしまう。

それが社会に出れば一転、防波堤のない大波小波が寄せて来る。そのひとつひとつに傷ついていたのでは身がもたないし、愚かでもある。

上司からのほとんどは「注意」に過ぎない。叱られた翌日欠勤するようでは、上の者もやっていられない。しかし笑えない事実なのだ。

このような若者たちは「叱られた」を「怒られた」と受け止め、傷ついてしまう。叱るのは相手を愛するがゆえだと気づいていない。二度と繰り返してほしくない……、あるいはもっと危険な目に遭う前に注意を促すのが「叱る」だ（「怒る」は単なる感情の爆発）。

その二つを混同して無駄なエネルギーを消費するのはつまらないことだ。ついでに言えば、叱る側もまた、嫌われるリスクと自分のエネルギーを消耗していることに気づいてほしい。素直で叱られ上手な人間でありたい。

そそっかしい、行動が遅い、判断が鈍い、気が利かない、などは先天的な素養だそうだが、「素直さ」は意識と習慣で自分自身を変える（抑える）ことができる。

まだ社会に出る前のあなたたちは経験も技量も持たない。だからこそ、努力と精進で身につけることが可能な「素直さ」という能力は、あなたたちが持てる数少ない武器となるにちがいない。

POINT▼　叱られ上手な人になりたい。

■求められるのは、「話し上手」よりも「聴き上手」

昨今、発信や表現はできても、受信や聴取がまるきりできない日本人が増えた気がする。

一方的に自分の思いを喋《しゃべ》りまくる手合いである。テレビの討論番組を見れば、出演者は例外なく他人が話している時にそれを聴こうとせず、司会の制止も聞かず喋り続けるから、討論が聞き取れない。とくに政治家の一方的にまくしたてる姿は見苦しい。

そうした行儀の悪い番組の影響か、昨今の日本人の会話にも慎みが欠け、列車内、食堂、キャンパスなどで順番もルールもなく、声の大きい者が一人喋りしている風景ばかりを目にする。

日本には「会話の達人は聴き上手」という美風があった。

その最も象徴的な階級は皇族であろう。世界の王族が集まるレセプションで、口から泡を飛ばすような会話はありえない。相手の話を静かに聞き、それが終わった頃合をはかってゆっくり口を開く。常に和《なご》やかな表情で相手の目を見てうなずきながら、会話と食事を楽しむ風景は泰西《たいせい》名画の趣きがある。

以前日本新党の党首時代の細川護熙《ほそかわもりひろ》氏と数人で食事をする機会があった。細川氏は複数人が同時に口を開いてしまった場合、常に「どうぞ」と手のひらを上に発言を譲り、自分が先に話すことは絶えてなかった。一同、その礼儀正しさと洗練されたマナーに感心しきりだった。欧米人も知識階級は例外なく会話のマナーを大切にする。

同じ会話の中にいても、話す者と聴く者では利害が大きく異なる。人間は誰もが自分の話をしたい、聞いてほしいという欲求を持っている。ゆえに上手に聴くという行為は高いレベルの者でないとできない。

聴き上手は、相手を安心させ、心地よい関係を築き、相手の気持ちを引き出す能力を持っている。タイミングの良いあいづち、共感や同意の意志、言葉を相手に譲りながらも目で語り続ける、この高度な能力によって、会話は途切れることなくテンポ良く続けられるのだ。

これから就活の場に出てゆくあなたたちは人事担当者の問いに答える側ではあるが、ただむやみに中身の乏しい話を一方的に話すのではなく、スキッとした姿勢、豊かな表情、和やかなまなざし、的確なタイミングでのうなずき、的《まと》を射た反応などで聴き上手の会話を心がけることが大切である。

「寡黙《かもく》者の雄弁」という言葉を知ってほしい。

POINT▼　面接の場でこそ、聞き手としての能力が問われる。

■頼みやすい人間、頼みにくい人間

人にものを頼む時、頼みやすい人間と頼みにくい人間がいる。

それは頼んだ時の、相手の反応によるところが大きいが、それとは別に、相手がこちらの頼みに何とか応《こた》えようという積極姿勢の人間か、できるだけ回避したい消極姿勢の人間かが、大きく分かれるもとである。

以下は以前何かの本で読み、共感したためメモしておいた一文である（記憶のため出典不明）。

何かを頼まれるということは、やらなくてはならないことがひとつ増えることだ。時間や労力を他人のために消費するわけで、この意味では確かに快くはない。

しかし、人は頼めない相手には頼まない。
嫌いな人、苦手な人にも頼もうとは思わない。
「この人なら応えてくれるだろう」と思う相手だからこそ、頼むのだ。

つまり頼まれるということは信頼されているのに他ならない。この信頼はあらゆる場面であなたの人生にプラスに作用する。入社試験のような人物を評価する場面において、こうしたものはおのずと現われたりするのだ。まず、頼まれやすい人間でいることの大切さを知ってほしい。

さて、もうひとつ別の観点から大切なことを記しておきたい。
それは、人生というものはすべて頼みごとと頼まれごとの相互、連鎖だということである。よくある頼みごと、たとえば選挙での支持要請、サプリメントなどの購入のお願い、コンサートの誘客など少々気の重い頼みごとを引き受けて、こちらの期待以上に易々《やすやす》と人数を集めてくれる人がいる。

どうしてそんなに簡単に頼まれごとを済ませられるのか。その秘密は、他人の知らないところで常にその分を上回る多くの人々からの頼まれごとを引き受け、嫌な顔をみせずこなしてきているからだ。つまり、人生での頼みごと頼まれごとの分量はほぼ等量なのだ。

反対に人からあまり物事を頼まれない、あるいは頼まれたくないと思っている人間は、その心情や生き方とは関係なく、社会での存在感が乏しく、器も小さいと言えなくもない。そして、今度は自分が何か大切な頼みごとをしようと思っても、ほとんどその伝手《つて》がない。

人間の器の大きさは頼みごとと頼まれごとをこなす、その振幅の大きさに比例すると言ってもよい。もし他人から何か頼まれたら、成否は二の次、まず全力でコトに当たってみることだ。

POINT▼ 人間の器は、頼まれごとの量に比例する。

■豊かな語彙《ごい》と日本語力を培《つちか》うために

若い頃に、たくさんの小説を読むことである。

経営、自己啓発、健康、料理など、ハウツー書の全盛時代、ほしいと思えばノウハウまでが何の努力もなく手に入る。しかし、すぐに役立つものは、すぐに役立たなくなるものだ。一〇年、二〇年前大ベストセラーだった著名評論家による多くの経営書は、現在は二束三文、無価値に等しい。

それに引きかえ、優れた小説は五〇年、一〇〇年と読み継がれる。そしてそれらは、すぐに何かの役に立つものではない。しかし確実に、そして静かに、あなたたちの中に沈澱し、蓄積されて人としての幅を広げ、思考に深みを与えてゆくものだ。

数学者の藤原正彦《ふじわらまさひこ》氏は、

「母国語をしっかり読むことは美しいものを愛《め》で、それに感動したり、『もののあわれ』を感得できたり、自らの悲しみだけでなく、他人の悲しみを痛むような高次の情緒が育つ」

と述べている。

読書の利点をあげてみよう。まず、「思考力」と「論理性」が養われる。思考力はものを考える力であり、論理性は自分の考えを表現する際に用いられる力だ。しかし日本人は、欧米人に比べて論理性に劣ると言われている。授業や講演会の質問ひとつでも、日本人のそれは質問なのか陳述なのか要領を得ず、欧米人に比べて冗漫で稚拙である。

そこには自分の意志を明瞭な言葉で表現しなければ生きてゆけない多民族国家と、同一民族、同一言語、以心伝心で用が足りるわが国との、民族性に基づく違いが大きい。

しかし、この弱点もまた、読書という行為が埋めてくれる。グローバル化が進み、外国人との協業が増える中で「論理性」はますます重要な能力である。

次に「語彙《ごい》」が増える。

現代の若者に決定的に不足しているのは、この語彙である。たとえば「赤」という色ひとつとっても日本語には紅《べに》、紅《くれない》、真紅《しんく》、鮮紅《せんこう》、朱《しゅ》、茜《あかね》色、緋《ひ》色、丹《に》色、小豆《あずき》色、臙脂《えんじ》、薔薇《ばら》色など、ほとんど「ｒｅｄ」で用の足りる英語に比べて何と豊富であることか。これらの語彙を駆使すれば、われわれの会話はどれほど豊かで情趣に富んだものになるであろう。

「すごい！」「かわいー」「やばい！」の頻発でしか会話ができないレベルでは、企業人としては使えない。

そして最後にもうひとつ、読書以外の方法では身につくことのない大切な能力がある。それは本書でもこれまでたびたび述べてきた「想像力」だ。

良い小説には文字で直截《ちょくせつ》書かれていなくても、登場人物のイキイキとした世界が綴《つづ》られている。そこに漂う空気や景色、親子兄弟の情愛や絆《きずな》、庶民の暮らしの哀歓などをその行間から感じ取ることで、想像の大空にはばたく力がおのずと育ってゆく。それは現代を生き抜く人間にとって最も必要な人間の基本の基本「想像力」の源泉であり、読書はそれを鍛える何よりの道具でもある。

ろくに本も読んでいない人間は、わかる人にはすぐわかる。そのような人間を採用したいと思う会社はない。

POINT▼ 読書は知らず知らずのうちに「基礎人間力」を養う。

■「コミュニケーション力」を身につけるにはどうするか?

こんな経験はないだろうか?

旅先の温泉で、見知らぬ人に声をかけられる。

「いい湯加減ですね。どちらから?」

「＊＊からです」

「家族旅行ですか?」

「ええ、まあ、こちらに親戚がいるもので」

「そうですか、車でどのくらいでした?」

他愛もない会話が続き「ではお先に」と別れる。

日頃、世代の異なる大人たちと会話をすることもないあなたが、思いがけずすんなり話ができ、温泉のせいだけでない清々《すがすが》しい気分を味わう。

世の中には何の気負いもなく、見知らぬ他人に、ごく自然に声をかけられる人がいるものだ。その人たちとあなたの差はどこだろう?

持って生まれた性格や育った環境のせいばかりとは言えない。潜在意識の中の「拒絶」と「警戒心」。その薄いベール一枚が他人との距離をいつまでたっても埋めないのだ。

電車やバスの中で隣席に荷物を置く女子学生の多くは、他人に(とくにおじさん)隣りの席に座ってほしくない。明らかにかかわりを拒絶している信号だ。しかし彼女たちは同世代とはキャッキャと笑い、さして意味もない話をつきることなく続ける能力には長《た》けている。

これら若者同士のじゃれあいを「コミュニケーション力」とは言わない。意見や文化、経験の異なる他人と会話を通して距離を縮めていくのがコミュニケーション力だ。

面接の場面で、この「コミュニケーション力」は重要な評価点だ。あなたたち異世代との交流が不得手な世代は、これを学生のうちに克服しておきたい。

ところが頭でわかっていても、急には変えられない。今まで接点のない世代とかかわることは難しいだろう。しかし非日常的な場面に飛び込むという方法がある。普段できないことでも環境を変えることでできることもある。

民間のサークル活動（郷土史研究や文化伝承）に参加する

幅広い世代の趣味や習い事をする

ボランティア活動に参加する

町ぐるみのイベントを手伝う
旅先で土地の人や旅行者と触れ合う
ＯＢ訪問を積極的にする
など方法はいくつもある。

ただし、イレギュラーな体験によって得たものは、日常生活に戻った途端に消えうせてしまうことが多い。ゆえに、日常が大切なのだ。

そのためには、見えない意識のスイッチを用意しよう。

黙って通り過ぎれば今までどおり、あなたに何の変化ももたらさない小さなきっかけは日常のあちこちに転がっている。

それに気づいたらスイッチをＯＮモードに入れる。

たとえば宅配便が届く。「ご苦労さまです。いつもありがとう」と声をかける。

バスを降りる時「一日中よく降りましたね。おやすみなさい」と挨拶してみる。

電車で大荷物を持った人が前に立ったら、「荷物だけでもどうぞ」とわずかな隙間を作ってあげる……。こんなちょっとした言動があなたの性格を変えてゆく。

この体験をできるだけ多く積む。世代間の距離は知らないうちに縮まるだろう。会話はきっかけさえ持てれば、あとは時候や健康、家族など相手との共通の話題を手がかりに広げるだけでよい。

きっかけのスイッチをひとつ持つことで、あなたのコミュニケーション力は飛躍的に改善する。

POINT▼ 他人や異世代に対する「拒絶」と「警戒心」をはがしてみよう。

■高学歴者に多い「対人感受性」欠如

山中で陶磁器を焼く。あるいはひとり、絵画作品に取り組むなどといった芸術の分野には、「対人感受性」や「状況感受性」を求められることはあまりない。

ところが、同じ芸術でもグループ音楽、ジャズやポップスとなると、リーダーにこの「対人感受性」が欠けていれば、グループにはすぐに崩壊の危険が迫る。ましてやオーケストラの指揮者ともなれば、「対人感受性」が不足では、一日と言えども勤まらない。

ベルリン・フィルで帝王と呼ばれたカラヤンにしても、曲の解釈では譲らないだろうが、楽団員の扱いにはそれなりの神経を使ったにちがいない。コンサートマスターはどういう人間で、いかに扱ったら力を発揮させられるか。第一バイオリンはああいう性格と能力だから、このやり方で最大限の力を引き出そう、と考えたにちがいない。

思想や性格や資質の異なる人間と共同作業をするのに、「対人感受性」「状況感受性」は絶対に欠かせない。

「対人感受性」は文字通り、人に対する感じ取る力である。自分の周りの特定の人物が今何を考えているか。どのような心情でいるか。この自分に対しては、どんな感情を抱いているか。この人と、この人がお互いに抱いている気持ちはどのようなものか。それは相手がひとりの場合もあれば、複数の人間や集団全体の場合もある。これら、人の気持ちや感情の動きを察知する力だ。

一方、「状況感受性」は文字通り、今、集団に何が起きているか。どのような問題があるかを、察知する力だ。

多数の人間が共通の目標や目的に向かってチームを組み、共同で作業をする企業内では、人の気持ちや感情を感じ取る力「対人感受性」と、今、集団やチームに何が起きているか、構成員相互の間に発生している問題は何かを把握する「状況感受性」は、「想像力」と並んで実に重要な能力である。

この能力だけは学力とまったく関係がない。それどころか、むしろ学校秀才には、とくに「対人感受性」が欠けている人間が多い。

この能力のない者が上に立つと、上司の気質や能力にはとくに手厳しい女子社員たちから「あの上司は気が回らない」「あの人はいつもトンチンカン」「彼の無神経な一言に頭にきた」「いつも空気や場が読めない」「会議の発言が少しピント外れ」などの酷評を受ける羽目になる。

上司が部下を見抜くより、下の者が上の者を見抜く感覚のほうがはるかに鋭い。

感受性は努力による磨きがかなり難しい。とくにいい学校に行き、得意と過信の学生生活を過ごしてきた者には、他者の気持ちや感情を慮《おもんぱか》る感覚が薄れてしまっている。前章の「二つの能力」の項で触れたアビリティーこそ唯一の必要能力と思い込んでいる度合が強いからだ。

しかし学歴や学力などは入社前には評価されても、数年経った後は「人間力」で勝負するしかない。わけても「人間に対する興味や関心」が鍵だということを自覚する以外に、対人感受性を磨く方法はないかもしれない。

今からでも、従来の過信や慢心を抑えて、謙虚さと人への配慮を大切にして生きてゆく態度への切り替えが必要となるだろう。

POINT▼ 常に他人の気持ちを慮《おもんぱか》る能力は、企業社会に絶対不可欠。

■あなたは、感動体験を人に話せるか？

ホスピタリティーを重視する企業が増えている。

介護医療はもとより、ホテル旅館などの観光業、百貨店や専門店などの流通小売業、飲食チェーン、コンビニにいたるまで、付加価値を提供しないと生き残れない時代である。もしあなたがそれらの業界で仕事を得たいと考えるなら、ホスピタリティーは必須能力だ。

ホスピタリティーとサービスはどこが違うか？　あなたは答えられるだろうか？

お客様のために提供する、より深いサービスをホスピタリティーだと勘違いしている人も多い。この二つは、大きな点で違うのだ。

企業や店から提供するプレミアムはサービスである。

今なら夏物20%ＯＦＦ！　今買うともれなく△△が付いてくる！　というような物理的、金銭的なプレミアムから、お客様の設備の充実や、お誕生日にスペシャルなことをしてあげる行為など、すべてサービスだ。

これらは企業側からの一方的な提供物であり、お客様が希望したものではない。提供と引換えに、そこには見返りも織り込まれ済みだ。

だがサービスには、企業がコストを負担する以上、一定以上提供できないというジレンマが生じる。

たとえばある飲食店で食後のサービスにコーヒーを出しているとする。半年も続ければサービスをやめた途端にクレームになる。それはもうお客にとって嬉しい、特別なものではなく、当たり前のことなのだ。

また近隣に同業者が出店し、在来店以上のサービスを提供されれば、今度は同じ内容をよりお得な価格でと、エスカレートする。「すき家」「吉野家」「松屋」の熾烈な競争がいい例だろう。

しかしお互いの首を絞めあう企業努力には限界がある。

一方ホスピタリティーは、企業が声高《こわだか》に広告して提供するそれとは違う。相手が感謝の気持ちで受け止めてくれた時に生じる付加価値だ。心づかいに対する相手側の評価であるから、そこには価格競争も過剰なおまけも存在しない。いわば「共鳴行為」。そのため一概にこれだとは示せない。

しかし、前記の職業をめざす人には、絶対必要なスキルである。見えにくいそれを知るために採用担当者は学生たちに感動体験を聞くことが多い。ホスピタリティーに溢れている人間は感受性が高い。素敵なことや感動の体験を多く持っている。自分が感動するから他人に同じように温かく接するすべを知っているのだ。

だから面接で感動したことのひとつも話せないようでは、接客業、サービス業、あるいは営業職は難しい。

自分の心のひだを増やし、感動の記憶を積み重ねよう。

ここではある例だけをあげておく。

これはネット上の書き込みから引用させてもらった。

一八：〇〇発、ＪＡＬの羽田―大阪伊丹便で里帰り。
離陸後、機長のアナウンスが入った。
「本日は当社が二〇年前に大変な事故を起こした日であります。
また、この便はあの事故機と同じ時間帯で、同じ目的地を目指しております。
加害者側の我々がお願いするのも大変恐縮ではありますが、
当機にご搭乗の皆様におかれましては、願わくば二〇年前の今日、
御巣鷹《おすたか》の尾根で亡くなられた五二〇名の御霊に合掌をお願い致します」
そして、本当に全員が合掌。
客室乗務員の中には、泣いてる人も居た。
機長も副操縦士も、涙声だった。

無事に伊丹空港に着陸、

「ココに、あの時亡くなった方々は来たかったのだ」
と思って胸が熱くなった。

機長の行為は乗客の心に染みる。ホスピタリティーそのものだ。活字でこの書き込みを読んだ筆者ですら、胸が熱くなった。あなたはどうだろうか。

POINT▼ ホスピタリティーの能力は、感受性の高さに比例する。

■ゲームひとつに見えてしまう人間性

入社試験や社員研修で使うツールのひとつに、あるゲームがある。チームワークを競うゲームで、個々の性格が見えやすいので適性判断にも利用していた。
ゲームのルールはこうだ。

五人一チームで時間は無制限。
ゲームの間、言葉を発してはならない。
言葉だけではなく目や手で合図することもNG。
最初に与えられるカードは五枚。それぞれ形の異なるカードだ。
自分に必要なカードであっても欲しいとは言えない。
許される行為は与えることのみ。他人には一度に何枚回しても良い。
他人がくれたカードが不要であっても拒絶することはできない。
最終的に全員が同じ図形を作る。

そのタイムを複数の組で競う。
このゲームの目的はチーム全員が同じ図形を作るというものだ。ところが答えがわからないうちは、それぞれが自分の図形を完成させることに夢中になる。その過程で思わず性格が出てしまう。

たとえばA君は自分に回ってきたカードを手放さない。必要なカードが五枚でも、どれが役に立つかわからないからとりあえず使えるものは全部確保しておく。

一方B君はカンが良く、すぐに正解の形に気づく。そうなれば必要なカードが回ってくるのを待つだけだ。不必要なカードが回ってきたら隣りの人間に回す。いや、捨てる。彼がこのゲームの目的を正しく理解した時点で、隣りのC君にではなくEさんに必要なカードだと気づくだろう。

さらにその横のD君は複眼で考えることができない。三角形の一辺が合致しないだけで不必要だと考えてしまう。本当はそのカードが必要であるにもかかわらず、さっさと手放してしまう。Eさんは黙っていることができない性格だ。誰かが間違った行動をすると手や声が出てしまう。何度もルール違反だと注意される始末。

コミュニケーションの手段をとりあげられるのは非常にストレスな状態だ。それが四、五〇分も続くうちにすっかりそれぞれの性格が見えてしまう。

ゲームの後半、大半のチームメイトは正解の形に気づく。この頃になると早々完成した者の中には、ゲームを降りてしまう者が出てくる。自分だけできればあとは関係ないのだ。一方、自分の欲しいカードを他のメンバーに止められている者は、苛立《いらだ》ちを隠せない。

ある年、なかなか完成できないチームがあった。通常一時間以内に終了するゲームがすでに九〇分を経過している。原因は独占癖のA君のおかげで、先に進まないのだ。他の全員はとっくに解答はわかっている。しかし冷たい視線を浴びせられても、A君は自分の手元しか見ていない。

いよいよ時間を区切ろうかという頃、チームのひとり、C君が思いがけない行動に出た。彼は、やおら立ち上がると自分の前にほぼ完成しているその形を崩すことなく、そのまま全部A君の前へ差し出したのだ。A君は一瞬戸惑い、次に自分のカードの山をC君に渡した。

ゲームはあっけなく終了した。

この様子をすでにゲームを終了した全員が見ていた。おそらく誰もが心の中で同じことを思っただろう。

「そうか！」

コミュニケーションというのは言葉とは限らないのだと気づかされるとともに、困難な状況であっても解決法はある、とも知らされた。

そして仲間を見捨てなかったC君の行動はいかにも清々《すがすが》しかった。

会社の仕事はすべて連携で成り立っている。おそらくあなたたちのイメージでは「会社は縦社会」に見えるだろう。たしかに伝達や意思決定のしくみは縦社会にちがいないが、仕事は横糸が太いほどスムーズに運ぶ。

上の人間はそのことを知っている。

大事なプロジェクトを進める時に欲しいのは、横糸を結べる人間なのだ。

POINT▼　仲間を助ける、横糸を結べる人間がチームを救う。

■自分のモノサシと価値観を持つということ

アメリカの大学生は、授業やゼミで徹底して自分の意見を求められる。今話題のハーバード大、サンデル教授の「白熱教室」を見れば一目瞭然である。

数年前、米国に留学している縁者から「日本経済の成長性について」意見を求められた。大学院での宿題だという。当方は資料をあたり、正確な返答となるよう詳細なメールを返した。

ところが、これをもとに授業で発表した彼は、

「それは君の意見ではあるまい。私は君の意見が聞きたいのだ！」

と教授に一蹴されたという。学生の答案にしては経営者の視点に立ちすぎ、一目で教授に見破られたのだ。

このように徹底して「マイオピニオン」を教育されるからこそ、彼らは街頭インタビューでも堂々と自分の見解が表明できるのだろう。

自分のモノサシや価値観を持つということは、付和雷同を良しとせず、他人に左右されない自由な精神を持つことに他ならない。


二〇年以上前『ちびくろサンボ』という児童書が人種差別だと問題になったことがあった。その時、日本中のほとんどの図書館は、世界中の子どもたちにあれほど読まれ、親しまれてきたこの本を棚から外す行動に出た。それどころか焼却処分した図書館すらあったのだ。ナチの焚書《ふんしょ》にも似た暴挙である。

多くの識者が「この本は何も人種差別など想起させない」「それはあまりに狭量な発想で、この本の伝える素朴な感動を無視している」とまっとうな論陣を張ったにもかかわらず、少数のやや偏った思想の持ち主たちの声の大きさに、図書館関係者は一斉に自粛撤去に走ったのである。

そこには自らの見識と信条に重きを置き、あくまで独自の判断によってことに処す「大人の精神」が欠落している。

何が正しくて何が間違いなのか、世の中には白黒つかないことも多々ある。ひとつの現象をひとつの方向からしか見ないようでは困るのだ。

独自の判断を磨くには、高い見識を持つ人の意見を聞き、書を読み、世の中のしくみや時代の背景を知らなくてはならない。

あなたも若いうちから機会をとらえてそれらに努めよう。そしてできるだけ自分より優れた考えを持つ人物と意見を交わし、新しい視点を手に入れよう。

超グローバル社会がそこまで来かかっている今、「マイオピニオン」を持たない者は、国際社会のスタートラインにさえ立てないことを認識しておきたい。

POINT▼　日頃から「自分自身の考え＝マイオピニオン」を持つ意識と訓練を。

■あなたは無償の行為が自然とできる人間か?

東日本大震災で多くの若者が、休日を返上してボランティアに駆けつけた。その行為に、「日本の若者も捨てたものじゃない」、と感心した人も多かっただろう。悲惨きわまる震災ではあったが、若者たちに「他人のために役立つ」ということを知覚させた貴重な体験であった。

しかし、一方でボランティア活動という善意の場を一歩離れると、被災地での他者への思いやりが偽りであったかと思えるような、自分中心、身勝手な日常へと戻ってゆく若者がいるのも、また事実だ。

かつて北国では雪の朝早く、自宅や店の前の雪をかく光景が見られた。それは家人の出入りのためではなく、道行く見知らぬ他人の難儀を救うため、という無償の行為であった。

ボランティアなどという言葉もなかった時代、誰かにお礼を言ってもらうことなど期待せず、ただ他人のために雪をかく。純粋に無償の行為なのだ。雪かきひとつできない店はつぶれる、とまで言われ、両隣りまでキレイにかいたものである。

最近はそのような日本人の美質も薄れ、雪の朝はシャーベット化したみぞれ道の中を子どもたちが学校へ向かう。

ボランティアに参加する行為は尊い。

しかしさらに尊いのは誰の目にも触れない場所でサクサクと雪の始末のできる、そんな行為ではないだろうか。

エレベーターを次の人のために一階に戻しておく。

操作盤の前に立ったら、全員が降りるまでドアを押さえ自分は最後に降りる。

スイングドアは、後ろから来る人に跳ね返らないように後ろを確認して手を放す。

狭い歩道では向こうから来た人のためにさりげなく車道に降り、道を譲る。

自分が使ったトイレットペーパーが残り少ないと思ったら予備を出しておく。混み合ってきた店内で一人であれば、テーブル席からカウンターに席を動く、などなど。いずれも誰と特定できない誰かのために添える気遣《きづか》いだが、優れた企業ほど、これらのスキルを持つ社員と社風を大切にする。

POINT▼ 誰も見ていない場所で、他人のために動ける人になれ!

■社会人として求められる意識と信念とは?

東日本大地震に派生して起こった福島第一原発の事故は人災の様相を帯び、政府と東電が果たした事故対応のあり様は、隠蔽と欺瞞の色が濃く、怪《け》しからん極みであった。

この事態に対して日本人が示す反応はまことに静かで鈍く、一向に反対や抗議運動が盛り上がらない。どこの国でもこうした事件に真っ先に立ち上がるのは学生である。ところが日本の若者は、ボランティアには出かけても怒りの抗議行動には出ない。

今から五〇年前の六〇年安保、続く七〇年安保、日本中で学生はデモや抗議行動の先頭に立った。とくに六〇年安保は激烈を極めた。東大生の樺《かんば》美智子《みちこ》さんが亡くなったのは、この時の学生と警官の乱闘中のことだった。

蜂起を奨励しているわけではないが、本来、腐敗や無能の政治に怒りの矛先《ほこさき》を向け、立ち上がるのが学生・若者である。これは社会にしがらみを持たない若者だからこそ担える役割なのだ。それなのに、日本の学生はまったく無関心を決め込んでいる。

若者が若者たる特権は、理不尽や不条理に対して率直に異議を唱え、その是正や改革に毅然として立ち上がり、社会の誤りを正して行くことだ。

しかるに日本の若者は立ち上がらない。政治家の無能や無為無策以上に問題なのは、こうした若者の政治や社会への無関心と傍観者的態度ではないだろうか。

これではいよいよ始まりつつあるアジアの若者たちとの企業間競争にも、社内での彼らとの競争にも勝てないのは、火を見るより明らかだ。

別に政治活動を推奨しているわけではない。しかし、現下の政治や社会状況に若者らしい正義感や改革意識を持って、一定の役割や責任を果たすべく先頭に立つ気概があってもいいはずだ。そうした気概は会社における仕事の場でも発揮しうるものだ。企業として、こうした人材が欲しいことはいうまでもないだろう。

若いあなた方は、この辺で自分のことだけが大事という内向き思考とミーイズムを捨て、若者らしい清新な理想と正義感にめざめてほしい。そして社会を見つめ、必要であればいつでも立ち上がるだけの強い信念を自己の中に持ってほしい。

POINT▼ 内向き思考をやめ、社会と向かいあう気概を持て。

■あなたは、投票に行く人か？

社会と向きあう姿勢について述べたついでに、もう一項書き加えておきたい。

あなたが二十歳を過ぎた若者であるとしたら、ひとつ尋ねたい。「あなたは選挙に行きますか？」

最近の若者は「選挙に行かない」「行くかどうかわからない」と、平気で答える者が多い。

二十代の投票率は、平成十九年の参議院選挙で32・9％（明るい選挙推進協会調べ）であり、実に一〇人中六〜七人は棄権していることになる。

現代の若者の意識は政治や選挙に向かっていない。

政治への不信が渦巻くこの国で「政治に期待できない」と思うのはわかる。

しかし、若者たちが選挙を放棄する理由の大半はそうではないだろう。「オレたちに関係ないじゃん」「別に関心ないし……」

選挙に行くことを、カッコ悪いことでもあるかのような勘違いをしているのではなかろうか。

だが、あなたたちが当然のごとく手にしているこの権利は、今もなお、世界では平等に与えられていないのだ。

世界の多くの国で貧困層と呼ばれる人々は、自分たちの生きる権利を国に訴える手段すら持てない。アラブ世界の女性たちの多くもその権利を持てずにいる。さらに独裁政権下の国で行なわれる選挙では、命がけの一票が投じられている。この一票の権利を得るために、どれほどの時間と多くの血が流れたことだろう。

選挙には、とにかく行く。たとえ無効票を投じるためでも。

そのために、社会に関心を持たねばならない。就活に際してあわてて新聞の見出しを拾い読みしはじめても、薄っぺらな知識が身につくだけである。国や行政、社会という視点がなくては、せっかくの権利がムダになる。
日本人の誰もに平等に与えられた、ただひとつの政治参加行動である「選挙権」をムダにしてはならない。

POINT▼ 社会人として、選挙は絶対棄権してはならない。

■堂々と見解を述べよ！ 正否はあとでよい

世論調査や各種のアンケートで、日本では「どちらとも言えない」という項目にチェックを入れる人が多い。また街頭インタビューで感心するような応答をする人間にほとんどお目にかからない。とくに若年層の、政治や社会問題への無知や無関心には、ガッカリするばかりだ。

その点お隣りの韓国や中国の若者は、政治、経済、社会に対して自分の考えをしっかり持っており、その見事な受け答えに感心させられることが多い。

日本人はもともとイエス、ノーをあまりハッキリさせない国民性の民族である。どこに使われるかわからないアンケートを警戒する心理もわからないでもない。

しかし、「どうも最初から自分の考えがないのじゃないか」と疑われる人種が増えている気がしてならない。

思考停止人間とでも言おうか。数年のうちに何人も首相交代がある国の政治に「どうせ何も変わらない」という無気力・無関心層が増えるのも当然ではあるが、日本の次代を担う若者がそれでは本当に困る。

もしあなたが普段から社会のできごとに関心が薄く、流行に無批判に流されたり、自分の信条やアイデンティティーを大切に思ったりすることのない性格なら、それが社会を悪くする一因であるという認識を持ってほしい。

大学卒という高学歴者であるあなたたちは、何らかの意見を求められた時に「わからない」「どうでもいい」「考えても仕方がない」という情けない言い方はすべきではない。

中には本当に「わからない」問題もあるかもしれない。しかし、間違っても良いし、瞬時の判断でもいい。自分の考えや意見を述べることだ。イエスかノーか、賛成か反対か表明するのだ。人生はすぐ決断しなければならないことがきわめて多い。その瞬間、その場でスッと意見を述べるクセをつけないといけない。これは面接試験でも求められる重要なことだ。

そのためには森羅万象、普段から政治、経済、外交、防衛、教育、福祉など自分たちをとりまく社会全般に少なからぬ関心を持ち、それらの情報収集を怠らず、自分の考えをきちんと整理しておくことが大切だ。

さらには自分の人脈や相談相手にそうした問題をぶつけ、できる限り正鵠《せいこく》を得た見解に近づけておく。これこそが独立した大人、つまり独自の判断によって事を処すことのできる人間へ近づく道なのだ。

POINT▼　イエスかノーか即断で答える癖をつけよ。

■よい音楽、優れた文化・芸術に親しむ効能

就活に励むあなたに、今から芸術に親しんで人間の幅を広げる話をしてみてもあまり説得力もないし、大体もう遅いと思われるだろう。

しかし、運よくエントリーシートのできが良く、会社説明会の案内がきた。集団面接もパスした。そして個別の面接に進む頃には、従来の過程で取りあげられた質問とは別の質問が浴びせられる。

そこで取りあげられる話題は、当該企業の会社情報ではなく、個人の人生観や社会観などだ。あなたは、自分の過去のキャリアにからめて、それを表現したり吐露しなければならない。相手はその人間のポテンシャルや可能性を見極めたいがゆえに、それらの質問を投げてくる。

この段階でものを言うのは、あなたの人間としての幅、つまり価値観や正義感、知識や知性、感覚や感性、そして資質や能力などの総合力。すなわち「基礎人間力」である。

ここを磨いておかねば、百戦錬磨の人事担当者を攻略することはできない。

「尊敬する人は父」

「最近読んで面白かった本はハリー・ポッター」

「シェークスピアの四大悲劇？　わかりません」

「好きな画家？　ありません」

「ソロモン王とシバの女王？　さて何のことでしょうか？」

これでは大学まで出た価値がない。

あなたがめざす職種が応用化学とかバイオ関連とか原子力学とか、理工系の特殊分野でない限り、自己の二十余年の生きた歴史と証しを語れなければ、採用担当者はあなたに対する興味を失う。

これからの企業のあり方は過去のそれとは違う。史上かってないグローバル社会にあって、世界の強豪と戦って行かねばならない今日、目標や課題が明確だった過去の「課題達成型経営」、つまりＨｏｗ　ｔｏ　ｄｏ？（どのようにやるか？）の手法の時代は終わろうとしている。その時代なら会社が決めたことを忠実にやれるまじめで律儀な人間でよかった。

しかし、これからの不透明な時代は「目標模索型経営」に切り替えねばならない。どの企業も何を目標にしたらいいか？　何を経営の根幹に据えたら生き残れるか、アンテナを張るのに必死だ。

つまりＷｈａｔ　ｔｏ　ｄｏ？（何をやったらいいか？）の手法で経営して行かねばならない。

今までの経営と一八〇度違う手法や資源を用いて、まったく違った分野に立ち向かって行かねばならない時代には、言われたことを忠実に実行できるだけの社員では戦えないのだ。

ゆえに今から採用する若い社員には、マルティプル・スキルが求められる。それは異能・多才、多くのことに興味や関心を持ち、また挑んで行ける個人と集団を意味する。企業が求めているのはそういう人材だ。

ではどうするか。

一部、先に述べたこととも重なるが、評価の定まったいい小説や随筆を五冊でも一〇冊でも読んでみることだ。夏目漱石《なつめそうせき》、森鷗外《もりおうがい》、芥川龍之介《あくたがわりゅうのすけ》、幸田露伴《こうだろはん》、志賀直哉《しがなおや》、川端康《かわばたやす》成《なり》、安部公房《あべこうぼう》ｅｔｃ．・評論・随筆なら柳田國男《やなぎたくにお》、小林秀雄《こばやしひでお》、開高健《かいこうたけし》、野上弥生子《のがみやえこ》、幸《こう》田文《だあや》、向田邦子《むこうだくにこ》、白洲正子《しらすまさこ》、岡部伊都子《おかべいつこ》……。

こうした読書の習慣は情緒や感性を高めるだけでなく、仕事の上で必要なスキル、たとえば起案や報告の文章力まで高める副次的効果もある。

歴史書を読むことも勧めたい。司馬遼太郎《しばりょうたろう》、城山三郎《しろやまさぶろう》、吉村昭《よしむらあきら》など、そこには企業と同じ戦いの世界が展開されており、戦略戦術という実利的な効用も得られる。

音楽もラップやポップスだけでなく、時にはカラヤンやフルトヴェングラーといった一流の指揮者の演奏でクラシックの名盤を聴いてみたら、思いがけない自分を発見できるかもしれない。

いい音楽は血管や筋肉をほぐし、みずみずしい躍動をもたらすだけでなく、就活に疲れた心身を快く癒してくれるにちがいない。

書店や図書館では美術全集のルノワール、セザンヌ、モネ、マネなどに触れてみることも情操と感性を鍛える上で有効だ。

映画も良い。黒澤明《くろさわあきら》監督の『生きる』『七人の侍』『赤ひげ』。小津安二郎《おづやすじろう》監督の『東京物語』『麦秋』。松本清張《まつもとせいちょう》原作の『砂の器』『ゼロの焦点』。木下恵介《きのしたけいすけ》監督の『二十四の瞳』。小林正樹《こばやしまさき》監督の『人間の条件』くらいは観ておこう。

家族とは、社会正義とは、戦争とは、自己犠牲とは、人生の完結とは、などを学ぶ格好の教材がここには揃っている。

このように「基礎人間力」には、人との交流を通して身につくものと、文化に接して培われるものの二つがある。

優れた人物に会い、その謦咳《けいがい》に接する機会が得られれば、それは最良の手段だが、そういうチャンスは多くはない。ゆえに手軽に接することができ、鑑賞することができ、また学べる文化財との触れ合いこそがあなたの人間的魅力を構築するための貴重な手段ではあるまいか。

POINT▼　文化に接することによってしか培われない「基礎人間力」もある。

第三章　企業目線で見たレッドカード実例集

■気遣《きづか》いのできない社員を、会社は採《と》らない

会社では就活シーズンになると、「まったく、最近の子は！」とか、「あきれちゃったよ」などという会話が、人事担当者の間や受付で交わされる。筆記試験やエントリーシートがいくら優秀でも、思いもしないところで否定的な評価がくだされる。

何度も言うように、会社は人間的に信頼に値する総合力を持った人材を求めている。社会に迷惑をかけたり、取引先や仲間と気持ちよく仕事ができない人間を採用するわけにはいかない。入社したその日から、あなたの行動は会社の評価そのものになるのだ。

そのために本章では、

「こんな学生のこんな行動が、企業にはこう見えている！」

という、セルフチェックのための事例を中心に記した。

どうか客観的に自分の行動と比べてほしい。そして思い当たる人はまず、それを認識して改善に努めてもらいたい。

共有のスペースで遭遇する不愉快なシーンを思い出してほしい。トイレや待合室・浴場・バス・電車など、前の人の使い方ひとつで、気持ち悪い思いをすることがあるだろう。

飛び散った水滴でびしょびしょの水回り
髪の毛がはりついた洗面台
だらしなく垂れ下がったトイレットペーパー
十分に流れていないトイレ
宴会場前に踏まれて散らかったスリッパ
汚れた水が入ったままの風呂場の湯桶……

次に使う人への配慮は微塵もなく、公共という意識を持てない人の痕跡は醜い。特別な場所で特別な時だけきちんと振る舞っても「お里が知れる」のが共有スペースの使い方だ。

もしあなたが今まで意識すらしたことがないのなら、今日から意識を変えよう。

もしかしたらあなたのすぐ後にそこを使うのは、あなたが入社を希望するその会社のトップかもしれない。その時あなたが前記のような痕跡を残していたら、「ウチの社員がこんな神経では困る」と思われるだろう。

説明会場や待合室でも同じだ。

椅子をきちんと戻さず席を立った
帰った後に消しゴムのくずが散乱していた
茶碗に口紅がべったりついていた
ドアを開けっぱなして行った

これらに他人の目は厳しい。
知的な人は、どんな時でもスマートである。
スマートに見えるコツは、見苦しい痕跡を残さないこと。
飛び散った水滴は拭き取る。
使ったものは前の状態に戻す。
靴やスリッパは脱ぐ時から気を配る。
食堂・レストランの椅子をテーブルの下におさめて立つ。
宴席を立つ時でさえ、座布団の乱れを直し、汚れた食器を手早くまとめる。
これらは他人への気遣いがすでに習慣化されている人には苦もなくとれる行動だ。
そしてこのわずかな気遣いができる人は、まちがいなく仕事もできる。

POINT▼　自分が使った痕跡は残さない。そんなわずかな気遣いを怠らない。

■すべてを台無しにする食事作法

食事の所作といってもナイフ・フォークの使い方や、懐石料理の作法ではない。もっとベーシックな、いわば「行儀」のことだ。テーブルマナーや懐石料理のいただき方は後から学べばよいが、染み付いた食事習慣は、簡単には直らない。

ごはん粒がついたままの茶碗。食べ散らかし。乱暴な食器の扱い。カップについた口紅。読みながら、化粧しながらの食事。傍目《はため》に不快な行為をしてはいないだろうか。

食事の作法と就活が、何の関係があるのかと、思うかもしれない。だが、たとえばOB訪問で一緒に喫茶店に入ったり、食事をする機会があるだろう。その時の印象が悪ければ、後の協力は得られないこともある。食事の仕方には、家庭環境・育ち・感性がストレートに見えてしまうからだ。

ビジネスでは接待の場も、会食しながらの打ち合わせも多い。マナーが悪ければ、上司から二度とそういう席に同席させてもらえない。親切に「君の食べ方は汚い」とは教えてはくれない。大事な場から黙ってはずされてゆくだけだ。

光物でデコレーションした長い爪が邪魔をして、不思議な箸の持ち方をしている女性をみかける。

宴席でゆるみきった姿勢で食事をするのは美しいだろうか。

居酒屋でお客が帰ったあと、いったいどういうグループかと思うほどの惨状を目にする。テーブルの上にも下にもお銚子やビールの空瓶がころがり、醤油や油で机はべたべた。座布団はあちこちに飛び、あげくティッシュまで丸めてころがっている。

スマートな社会人の姿からはほど遠い。

だから学生時代のうちに提案したい。正しい箸の持ち方くらいは練習しよう。食べるのに支障はなくても、まわりが気持ち悪い。

ひとり飯をやめよう。いつも誰かの目線を感じて食事をすれば、食事の所作は磨かれてゆく。

コンパでも崩れない飲み方を心がけよう。そして自分の痕跡が残らないように片付けるクセをつけよう。

POINT▼　箸は正しく持てるよう練習する。親から注意された食事の所作は素直に直す。

■不快な「音」は、能力の低さを露呈する

あなたは自分の立てている「音」に気づいているだろうか？

歩く、話す、椅子を引く、ドアを閉める、物を置く、食べるなどなど。自分が気にならない音にも、他人には耳障りなケースはたくさんある。もしあなたがそれらに配慮することなく行動していたとしたら、「無神経な人間」と分類されるのは間違いないだろう。

目の前に人がいなくても、不快音はもれてくる。

女性に多い不快音の筆頭は、階段を降りるヒールの音だ。駅の階段でよく耳にする「カーンカーン」という不快音は足に合わないヒールなのか？　かかとのないミュールなのか？　いずれにしろ人物の軽さを象徴している。

訪問企業の階段で、よもや同じ音を立ててはいないだろうか？

足を引きずるような歩き方は、最近の若い男性にも多く見られる。本人が気がつかないところで音は他人を不愉快にするものだし、同時に能力の低さを露呈する結果となる。

トイレでけたたましくペーパーを繰り出す音。必要以上の勢いで蛇口から水を流す音。投げるように物を置く音。

大人たちはそれらに遭遇するたび「やれやれ」と眉を顰《ひそ》めている。

ドアは静かに閉める。椅子は持ち上げて入れる。物を置く時は両手を添える。

わずかに神経を割《さ》くだけで、不快音を回避できるばかりでなく、それに伴う所作は、他人の目に美しく映《は》える。

一方、騒音には話し声も含まれる。

飲み会の席で大騒ぎをするグループや、ファミレスで大爆笑のおば様グループをあなたも体験しているにちがいない。美術館や図書館で場違いに大きな声で話す人はどうだろうか。

音から逃げられない以上、他人にとって望まない音は、公害そのものなのだということを知ってほしい。

社会人として「良識」という感覚やモノサシを持っていないのは企業には困りモノ。そういう学生をわざわざ、わが社に迎え入れようという企業はない。

POINT▼　まわりに不快感を与えていないか、細心の気配りを。

■家族の電話応対が、思わぬ「落とし穴」を掘る

いつものように出た電話が、企業からの面接の知らせであったり、スケジュールの確認など、あなたにとって重要な知らせかもしれない。その第一声が、けだるそうな「もしもし……」であったなら、相手はがっかりしてしまう。たった一度の電話が、就活の「落とし穴」になることを、あなたは想定しなければならない。

「もしもし、＊＊ですが……」

しかも電話応対は本人ばかりでなく、家族でも同じ結果を招くという点が恐ろしい。

「はい＊＊でございます。このたびは娘がお世話になっております。あいにく不在でございますので、戻りましたら間違いなく申し伝えます。ご連絡ありがとうございました」

企業は当然、このような大人の返答を期待している。よもや、

「もしもし＊＊ですが、えっ誰？　娘？　いないけど……何？　……」

などという応対が返ってくるとは、考えていない。おそらく採用担当者は受話機を置くなり、ただちに履歴書の端に×印をつけるだろう。

しっかりとした社会的訓練を受けている家人のいる家庭は、まず初めに名を名乗って電話に出るものだ。

電話は相手が見えない。その分わずかな言動から、その人物の本質が見えてしまう。企業は「電話ひとつまともに出られない家庭の子」とあなたを見る。

仮に行き届いた受け応えができたとしても　切り方ひとつで同様の印象を与えてしまうこともある。用件が済むなり、余韻も持たずに「ガチャッ」と切れる電話に、担当者は「乱暴な！」と思うだろう。

自分の用だけ話し、挨拶ひとつ加えられない電話には「失礼な！」と思うだろう。

心の準備なしにやってくる電話こそ、あなたとあなたの家族の社会性が見て取られると覚えておこう。

こうした点にあなたが気づき、自分にあてはめて不安だと思うならば、新社会人向けのマナー本は若干の助けになる。電話をかけて良い時間帯・お礼や挨拶・用件の伝え方・切り方・取り次ぎ方など、丁寧に解説されている。
少なくとも「はい、＊＊でございます。お世話になっております」のフレーズがスムーズに出るように、日頃から訓練しておきたい。

POINT▼　かかってきた電話に「もしもし」では出ない。

■一方通行や間接的コミュニケーションではないに等しい

メールに頼りがちなあなたは、親しい友人以外と接するのが苦手なのではないだろうか？

たしかに生身の人間を相手にするのは緊張する。できるだけ直接の交流を避けたほうが楽だ。

つまりメールに頼るのは、自分が気を遣ったり、傷つくのが嫌いなのだ。言い換えればコミュニケーション能力が乏しい。

そういう若者にメールは、たしかにお助けツールだろう。なぜなら、一方通行だから。思いがけない反応に困惑することも、言いたいことをさえぎられることもない。

しかし、あなたも承知の通り、企業が求める人材は、コミュニケーション能力のある学生なのだ。大事な場面をメールで済ませるような学生ではない。

たとえばOB訪問や就職にあたって紹介をいただいた人に、お礼を言わなくてはならない場面で、あなたはその好意に見合う方法で謝意を伝えているだろうか?

大きな義理があるわけでもないのに、あなたのために時間と手間を費やしてくれた人にメールだけで済ませてはいないだろうか?

取り急ぎの要件に、メールは使える。しかし注意すべきは、メールはあくまで「取り急ぎ第一報」であって、本番ではないということだ。親しい相手ならば電話でも許されるかもしれない。

しかしコネクションは、何人もの薄い縁を頼ることが多い。あなた自身が築いた縁でもない。親や親戚、その知人などあなたにはほとんど義理もない人が、あなたのために動いてくれる。

そういう雑作《ぞうさ》をかけた相手に対して、あなたが自分自身の時間と労力を割こうとしないとしたら、非礼きわまりない。

直接お目にかかった人、それをつないでくれた人、その双方にきちんとお礼の気持ちを伝えなければならない。直接訪問できないのであれば、あらたまった気持ちを伝える手段は手紙が良い。丁寧な手書きの手紙は、服装で言うなら、いわばフォーマルのようなものだ。

そしてお礼はそれ一回で完了しない。たとえ、しばらく時を置いたとしても、次回お目にかかる機会があれば「その節は大変お世話になり、ありがとうございました」と重ねて伝える必要がある。

お礼というのは、目の前に対峙して、本人にきちんと伝えることができるまで何度でも繰り返されるべき挨拶なのだ。

POINT▼ 直接会って言うべきことを、メールで済ませてはいけない。

■履歴書の写真を、軽く考えてはいけない

近所のＤＰＥで履歴書に貼付する顔写真を用意する。無論あなたはリクルート姿だし、髪も整えて就活学生らしい。ところがあなたは、ここで大きなミスをしようとしている。写真を甘く見てはいけない。

就活の場で、会社に与えられる事前の情報といえば、エントリーシートと履歴書だけ

だ。そこに貼られるただひとつの生の情報＝写真がＮＧならば、最初の「門」は開かない。

なぜ写真が大事か？　客観的に考えてほしい。

昨今の就活では、企業に何通のエントリーシートが集まるだろうか。人気企業ならおそらく「万」という数のエントリーシートが集まってくるだろう。地方の名の通った会社だとしても数百通近く集まるかもしれない。

そのエントリーシートを、採用担当者が分類する。「候補」と「非候補」に。はじから丁寧に読む時間などはとうていないから、高偏差値大学や魅力の学部を中心に、「候補」を振り分けてゆく。

同時に写真を見る。一流大学であっても「問題あり」をはじくためだ。いかにも「オタクそうだ」「暗いな」など印象の悪い人物はこの段階で残れない。

逆に「知的でさわやか」「健康的で人を惹き付ける」といった印象を与えることができれば、会ってみたいと思わせるにちがいない。年配者ほど顕著でないにしろ　顔にはその人の「知性」「品性」「性質」「生き方」が浮かび上がる。ゆえに写真は重要だ。

だから、間違ってもスピード写真で済ませてはならない。

少なくともスタジオ併設の写真館で撮るべきだろう。もし伝手《つて》があれば、商業カメラマン（雑誌社のカメラマンなど）に撮ってもらう。商品価値を最大に引き出してくれるそれは、写真館のポートレイトに数段勝るだろう。

そこまでは無理としても、きちんと写真スタジオを予約し、自分らしさを演出できる服装で望むべきだ。リクルートスーツである必要はなく、きちんとしたシルエットのジャケットで、自分に似合う色、写真で伝えたい要素など　カメラマンと十分打ち合わせた上で撮影する必要がある。

POINT▼　提出用書類の顔写真は、写真館できちんと撮る。

■提出書類のどこが見られているか

画竜点睛《がりょうてんせい》という。最後がすべてに影響を与えることだ。

たとえばあなたが出したエントリーシートと履歴書。何日も考え、書き直して作ったシートだ。体裁も十分考慮した。ところが採用担当者は別のところに気づいてしまう。


「なんで逆さまなのよ！」

「切手が曲がっている」

「このシミはなにかしら？」

「ただこれだけで送りつけてきたの？」

「セロテープでとめて来るなんて……」


などなど。書かれている内容とは別の次元で×がついていくのだ。

社会にはどこにも書かれていないマナーやルールがある。そんなあなたのマナー度を、封書ひとつが雄弁に語る。

字配り、敬称の使い方、切手の貼り方、封の仕方など、気を配るべき箇所はひとつではない。80円切手が無いと言って、10円切手を八枚貼って出すのは非礼だし、美的感覚もゼロだ。

日頃からさまざまな場面で、大人たちがどういうことに神経を使っているかを学ぶべきだろう。たとえば、目上の人にお支払いするお金は新札で用意する。月謝や祝儀などがそれだ。向きや天地を揃える。印鑑は曲がっていないか？　薄すぎていないか？

企業がほしいのは、人柄を含む総合力の高い人材なのだ。

履歴書の提出について言えば、添え状はやはりつけたほうがいいだろう。

しかしマニュアル本に書かれているようなビジネス文まがいの文面ならいらない。

「貴社益々ご清栄のこととお慶び申し上げます。このたび貴社の＊＊年度採用に応募させていただきます。なにとぞご査収のほどよろしくお願いいたします」

便箋にわずか数行のこんな紋切調の文章は、何も伝えない。

ここで書き添えるべきはあなたの「心情」だ。あなたが本気でその仕事をしたいと思っている「想い」を書く。


過日は突然お邪魔したのにもかかわらず、＊＊係長様にはご多用の中、お時間をいただきまことにありがとうございました。思いがけず社内をご案内までしていただき、感激でございました。随所で職場の皆さんの動きを拝見し、ますますこの会社で働きたいという思いを強くしております。少しおおげさに言えば、人生をかけて取り組むに値する仕事と職場だと確信いたしました。

本日はとり急ぎ履歴書を同封させていただきました。

入社できるよう、私なりに全力を尽くしますので、どうかよろしくお願いいたします。

○○年△△月▲▲日

＊＊大学三年　＊＊　＊＊

追伸
今朝の△△新聞に御社の○○事業についての記事が掲載されておりました。入社前の私が言うのもおかしいのですが、少し誇らしい気分になりました。これからは※※商事の社名を見つけるたびにワクワクするのだと思います。御社の一員としてそれらの仕事に参加できる日を楽しみにしております。

きちんと整えた書類に　そんな添え書きがあったなら、人事担当者は判断材料のひとつに加えるにちがいない。

一通の封書であってもおろそかにしないこと。美しい字は書けなくとも、丁寧な文字は書ける。字配りひとつでその人物の美意識やセンス、心情が汲み取られるのだ。

POINT▼　提出書類の添え状は、自分の言葉で丁寧に。

■説明会、その席に座った段階で、あなたにチャンスは廻ってこない

早々に説明会場に到着したにもかかわらず、後部に近い通路側に席を取る学生が多い。たいていの場合、そこは、会場に入ってくる多くの学生が通過する場所だ。あなたがそこに座ることで、後の人が通りにくい。

しかしあなたには、いっこうに気にならない。あなたの頭の中には、自分の出入りの都合と、目立たぬようにという思いしかないのだから。

どういう集まりであるにしろ、会場では順に詰めるのが常識だ。あとから来た人が座れるように中ほどに詰め、通路側の席を空けておく。仮に通路側に腰掛けたとしても、込み合ってきた段階で、さりげなく詰めるくらいの配慮がほしいところだ。

他者への配慮に加え、ビジネスマンには会議の席、宴席など自分がどこに座ればいいの

か、お客様をどこに案内すべきか　瞬時の判断が求められる。間違った選択をすれば容赦なく「そのくらいのことも判断できないのか」と、言われてしまう。

さらに、就活はまぎれもなく競争の場だ。「積極性」は不可欠だ。

担当者とアイコンタクトの取れる距離は、それだけで優位な状況を作り出す。数百人の集まりの中で説明者の視界に入るのは、前から何列目までだろうか？

背筋を伸ばし、まっすぐに自分を見ながら、時にうなずき、熱心に話を聞く学生がいたらどうだろう。試してみると良い。おそらく幾度となくあなたに説明者の視線が降りてくるにちがいない。

なぜならば、話をする側もまた、自分の話を受け止めてくれているのか不安なのだ。ゆえに熱心にうなずきながら聞く学生を、無意識に探してしまう。

広い会場の中でキラリと光るか、無反応なその他大勢になるかは、ここで決まる。

説明会と言わず、日常の講義でも、ぜひ実践してほしい。

POINT▼　説明会では、話し手とアイコンタクトのとれる席を取れ。

■「さわやか」な印象を与える服装と挙措《きょそ》

この項は、とくに女子学生に対するアドバイスだ。

学生時代のあなたのワードローブに「きちんとした服」はあるだろうか？

ここで言う「きちんとした服」は、フォーマルドレスではない。たとえば何かの受付を頼まれたり、法事があった時に着て出席できるようなジャケットやブラウススーツ、つまり堅めの服装のことだ。

しかしあなたが日頃履《は》いているのは、ミュールとスニーカー、ワードローブはTシャツとGパン、あるいはチュニックとレギンスではないだろうか。

きちんとした席に出る経験も、着る機会もなく過ごしてきたあなたが、就活に臨んで突然リクルートスーツにパンプスを履いても、美しく見えるはずがない。

パンプスやハイヒールは、いきなり女優のようには歩けない。その上、すぐに疲れてしまう。これから数社回ろうというあなたの体力をどんどん奪ってしまうにちがいなく、肝心な場面であなたは疲れた印象を残してしまうかもしれない。

しかもミュールでついてしまった足を引きずって歩くクセは、あなたの歩き方を美しく見せてくれない。

また学生時代、パンツやレギンスなどカジュアルな服装の多かったあなたが長時間、膝頭をつけて椅子に腰掛け続けることはできるだろうか？　いつも猫背なのに何時間も姿勢を正して座っていられるだろうか？　さわやかな女子大生を演じなければならない場で、それは苦痛そのものだろう。

「さわやか」。このキーワードには膝をそろえて姿勢よく、少しも違和感のない着こなしで、自然な笑顔を保つことが含まれている。しかしこれらは誰にとっても楽なことではない。日頃から少しずつ慣れ、腹筋や背筋を鍛えておかなくては保てないのだ。

それには、きちんとした服装で出席する席や集まりにできるだけ数多く出かけ、自分を鍛えていくのが早い。そういう場は着こなしや姿勢ばかりでなく、ふさわしい化粧・髪型・アクセサリー選びなど、あなたのセンスを気づかないうちに磨いていく。
さらに、緊張を伴う時間を過ごすことで、立ち居振る舞いや会話までが洗練されていく機会となるだろう。

POINT▼ ふだんから改まった席に出て、立ち居振る舞いの訓練を。

■くたびれた顔、汚れた靴、すべての努力が無になる瞬間

シーズンもたけなわになると一日に何社もの企業を訪問したり、説明会のハシゴをせざるを得ない。その時に最善のコンディションで臨めないのでは、たった一度のチャンスを棒にふることにもなりかねない。

着なれないスーツ、履きなれない靴で一日歩き回り、疲れと緊張であなたの印象は下がっている。そんな活力のない姿を訪問先企業で見せる愚は避けるべきだろう。この時こそ、あなた自身が最も魅力的に見える姿と顔つきで立ちたいものだ。

そこでまず気をつけることは、手当たり次第受験するのを避けることだ。一日に一〇社も回るような無理なスケジュールをたてるべきではない。とりわけ本命企業には、あなたの一番いい状態で臨みたい。

前夜、夜更かししてマニュアル本の面接ノウハウを詰め込むよりも、目の下に隠せないクマを作らないことのほうが大事だ。

そして当日は革靴（パンプス）を鞄に入れ、朝家を出る時には履きなれたスニーカーで出かけるべきだろう。マンハッタンの朝のOLのように。途中の移動で靴ずれになったり、必要以上に疲れることが避けられる。あらかじめチェックをしておいて、会場には一五分以上の余裕を見て到着するようにしよう。

時間調整を兼ねて近くのコンビニを探す。コンビニでトイレを借り、軽く服装や髪の乱れを直し、ここで靴を履き替える。男性ならネクタイを締め直し、女性はストッキングの伝線などもチェックする。

時間も調整し、過不足ないタイミングで訪問。そこからは背筋を伸ばし、歩幅を大きく堂々と歩もう。歩幅が大きければ自然に背筋が伸び、スピードがあがる。若者らしい颯爽とした印象は歩幅と姿勢で決まることを覚えておこう。ちなみに歩くのが遅い人間はすべからく行動が遅い。つまり「仕事ができそうもない」と判断されやすい。

いずれにせよ若者らしい意欲と自信、生気に溢れたベストコンディションのあなたで臨むべきだ。

POINT▼　履きなれない靴で体力を消耗しないために対策を考えよ。

■面接担当者をウンザリさせる回答例

面接は企業の人事担当や幹部・役員から、いろいろ聞かれる機会であり、場である。大学の就職担当教官から、面接まで行けたら、後は自分をいかに売り込むかにかかっている、と聞かされてきたあなたたちは、ここを先途《せんど》と自己PRに余念がない。

部活動や同好会でのリーダーシップの発揮。ボランティアでの華々しい活躍。アルバイト先での表彰事例など、いかにそれぞれの組織やチームで存在感を示してきたか、この場だけは能弁に話す者が大方だ。

ところが企業の人事担当者は、このくだりではほとんどがうんざりして聞いている。

「少人数の同好会でキャプテンを務め、チームをまとめてきました……」

「一週間のボランティアに参加し、被災地の方々からたいへん感謝されたのは大きな喜びです……」

「コンビニで店長を任され、店の成績向上に貢献しました……」

その程度の話は「それはご苦労さまだったね」くらいにしかならないことを知るべきだろう。

誰もが成功談や自慢めいた話ばかりで、そこには人に共感を与え、黙って聞かせるほろ苦い失敗や経験談がほとんどないからである。

陰影なく、寒暖ない、ただ物事がうまく行っただけの話などは人の共感を呼ばない。

少年時代、家庭環境、肉親との相克、受験生活、失恋や浪人、友人との交流や確執、わずか二十数年の人生ではあっても、そこには山あり谷ありの切なさ、悲しみ、苦しさなどさまざまあったことだろう。

人間は誰しも自分の弱みを隠したい。ところが強い人（肝の太い人）はみな、自分の弱さを隠さない。

「残念ながら私にはここにおられる皆さんに並ぶ学歴がありませんが……」

「どちらかと言うと子どもの頃、貧しい家庭で育ちましたので、何でも自分で工夫して作ることがクセになったのかもしれません……」

「お恥ずかしいのですが、それについての知識を持ちませんのでぜひ教えてください」

このような言葉を淡々と、いや堂々と話せる若者の存在は新鮮にちがいない。加えて、弱さを口にできる人間には大きさを感じる。

むしろ失敗や苦闘の経験に重きをおいて、それをいかに克服してきたかをとつとつと話す。多弁ではなく、静かにとつとつと……。

POINT▼ 面接で、自分を良く見せようとする話ほど、つまらないものはない。

■家を出てから帰るまで、どこかで誰かに見られている

就活中は、あなたにオンとオフはないと心得たほうがいい。

昨日訪問した会社の誰かと居酒屋で遭遇しているかもしれない。町ですれ違ったのが面接を受けた会社の人事担当者だったかもしれない。あなたが気づかなくとも、どこで誰に見られているか知れないのだ。

「面接当日、まともに見えた学生が、一歩外では仲間と馬鹿騒ぎをしていた」

「電車の中でケイタイ電話で当社のことを話していた」

こうした情報は、またたくまに人事部に届く。モラルに反するほどではなくとも、

「信号で並んだのに、昨日来た学生は会釈もしなかった」

と受付の女性社員に言われては、あなたの印象は下がるばかり。

その会社の建物の中だけではなく、家を出てから戻るまで、就活中はどこであっても気をゆるめてはならない。これは何も就活中ばかりでなく、会社の看板を背負う社会人はみなそうだ。

ついでに言えば、会社の中にはインフォーマルなパワーが存在する。それが部長・課長という肩書きを持つ者の力を上回ることもある。

たとえば受付は、秘書課の管轄だ。その受付の女性が漏らした一言が社長以下役員の耳に入るのはたやすい。しかも正規のルート以外で入った情報のほうが、真実だと受け止められることも多いのだ。

受付も守衛室の皆さんも、あなたの先輩であり、上司になるかもしれない人たちであると認識しておくべきだろう。

ちなみにアメリカのある会社では「社長にクリスマスカードを忘れても、秘書の＊＊嬢には絶対に忘れるな」という先輩からの申し伝えすらあるという。インフォーマル・パワーとはそういう存在だ。

また、説明会に遅れそうだ！　とタクシーで駆けつける。そんな場面であっても、会場や企業の玄関に直接横付けする行為は褒められない。

タクシーを使うこと自体を悪いとは言わないが、ここは気配りが必要だ。少し手前で降り、歩いて向かう。それはルールでもマナーでもない、ただの印象の問題だ。

しかし、あなたたちは、まだ社会に出て自ら稼いではいない。親がかりの身分なのだ。そのことが思わぬ場面で周りの神経を逆なでするかもしれないということに、思いをめぐらせてほしい。

わざわざそんなことで、印象を落とすことはない。

POINT▼　就活中は緊張を緩めるな。

■企業訪問は、社風を観察する絶好のチャンス

会社説明会や企業訪問の機会を、ムダにしてはいけない。自分を売り込むだけでなく、その時こそセンサーを最大にして、その会社の生の情報を集めるべきだ。

会社の中には情報が溢れている。壁に貼られた標語やポスター。営業成績を書いたホワイトボード。社員同士の会話。整理整頓状態。さまざまなところに社風は垣間見える。

これらの生きた情報は、あなたの職場選びの重要な判断材料になるはずだ。

社員教育が徹底されていると評判の取引先で、ある時、社員用のお手洗いを借りた。トイレはピカピカ。すれ違う社員も礼儀正しく気持ちいい。

ところがバックスペースの廊下の角々に、たくさんの啓発用の標語が貼ってある。

「ついて来れない者は去れ！」

「声を出せ！　汗をかけ！　歩くな！」

「今月目標△△％必達‼」

そして、お手洗いの鏡には、

「笑顔に勝る化粧なし！」

会社の中を流れるモーレツな空気が、そこここに感じられた。こうした体質が合う人もいれば、どうしても合わない人もいるだろう。

給与が良く、知名度も高い、社会的評価の高い「いい会社」が、あなたに合うとは限らない。たいへんな労力を費やしてせっかく入った会社を早期離職しては何もならない。

そのためにも、やりがいを持って取り組める「仕事」と「社風」を確信できるまで、何度でも足を運び、自分のセンサーで確かめよう。

社風を知るもうひとつの方法は「社史」だ。

社史には、会社の創業からの企業理念、トップのものの考え方、危機を乗り越えた智恵、どんな社員が支えてきたかなど、あらゆる情報が入っている。

先輩ＯＢに借りるのも良いし、神田の古本屋を探すのも方法だ。どうしても入手できなければ国立国会図書館という手もある。
いずれにしろ、自分の人生を託そうという企業の姿を正しく知らなければ、就活を成功に導くことはできない。

POINT▼ 会社訪問は「現地」。社史は「地図」。両方揃ってこそ情報。

■メモひとつ取らない学生、メモ魔の学生

紙を用意して「ドラえもん」を描いてみてほしい。
「ドラえもん」を知らないのなら「パンダ」でも「サザエさん」でもかまわない。
いずれも日本に定着したキャラクターだ。しかし、いざ描いてみれば、記憶はおぼろげ

で細部は思い出せない。

なぜここでドラえもんやパンダか。言いたいのは「記憶に頼るな」ということだ。あなたたちの記憶力がいかに高くても、時間の経過とともにその輪郭は曖昧になってゆく。だから記録（メモ）は必要なのだ。

説明会の会場で見ていると、緊張感もなく椅子に背をもたれかけ、最後までメモひとつ取る風を見せない学生がいる。メモを取る態勢くらい見せなくては「何しに来ているのか」と、意欲や姿勢が疑われる。

一方、中には一字一句もらさず書きまくっている学生もいる。

彼らは一度も顔を上げることなく、ひたすらメモを取る。おそらくそのメモが再び見られることはないだろう。書くこと自体が目的化してしまっているのだ。

これもまた、「使えない人間！」の烙印が押されるのがオチだろう。

参加態度の善し悪しは別として、どんな会であれ、大事だと思うことのひとつや二つはある。企業理念や現在進行している開発商品など、後から調べたいキーワードは押さえておくべきだ。

デキる人間は、メモのコツを知っている。

あとで思い出す時に、曖昧になるものから記録するのだ。数字や名前、肩書き、年号は押さえておきたい。

たとえば担当者が「タケダさん」であった場合、書類を送る段になって、ふと「武田」だったか「竹田」なのか不安になる。肩書きは課長だったたか、係長だったたか。面接は一四時か、四時か。間違えればダメージの大きいものに限って不安だ。

就活専用のノートに、時系列にメモさえしておけば、必ず必要なデータにたどりつける。整理したり、書き写そうなどと考えるな。時系列がむしろ記憶をたぐり寄せるのだ。

POINT▼ メモの取り方ひとつがあなたの能力と見られている。

■面接で言ってはいけない興ざめフレーズ

「あなたが感銘を受けた、あるいは生きる上で影響を受けたと思う人物はいますか？」という質問に、「私が尊敬するのは父です」と答える学生がいる。

趣味は読書と書きながら、最近読んだ本は『ハリー・ポッター』だと答える。これでは、あなたの人生に、ほとんどひだがないことを曝《さら》すばかりである。

かといって、誰もが知っている偉人の名を不用意にあげるのもどうだろう。教科書や歴史ドラマで知った程度の知識でその人物の名を口にすると、さらに追いかけて質問された時に、立ち往生するはめになる。

浅く聞きかじったことよりも、ここはあなたの感性で得たものの中から、正直に答えるほうが好感が持たれる。

面接で、今でも印象に残っているのは、ある女子学生のケースだ。彼女はとりたてて目立つところのない学生だった。ところが彼女の答えに面接官一同うなってしまった。

その女子学生が好きな人物としてあげたのは、「石原莞爾《いしわらかんじ》」。

帝国陸軍きっての俊才で異端児と言われた参謀だ。変人と呼ばれ、好悪と評価の分かれる人物の名をあげ、いくつかのエピソードを交えて話す彼女に、普段はオブザーバーに徹している人事部長までが身を乗り出して聞いた。

この若い女子学生が石原莞爾の名を知っていたことだけでも、彼女の知識や好奇心の幅と、ある種の鋭い感受性が感じられた。

このように他者に語る時には、それについて一五分や二〇分話し続けられるだけの材料を、後ろに持っていなければならない。付け焼刃《やきば》の知識は、ほころびが見えるばかりだ。

面接官はあなたの話の中から、あなたという学生の感性や行動力、思考の深さなどをさぐっている。

POINT▼　自分の体験の中から話せるストーリーを用意しておく。

■コンビニ風まがいものの接客敬語は、即アウト

「カードに一二〇ポイントたまっていますが、本日お使いいたしますか?」

コンビニのアルバイトが私に尋ねる。レジでの精算の一部を、蓄積ポイントで支払うか、と尋ねているのだ。

ここまで難解でなくとも、コンビニやレストランには、まがいものの日本語が溢れている。

「こちらラーメンになります」

「以上でよろしかったでしょうか?」

「お使いできます」

「一万円からお預かりいたします」

などなど。

あなたの日本語能力がこの程度なら、面接で、

「学生時代、アルバイトに打ち込み、お客様とのコミュニケーションには自信がありま す」

などとは言ってはいけない。むしろ中途半端に社会ズレしていない学生のほうが教育しやすいというものだ。

とくにマスコミ・新聞・出版・教育など、文化レベルを求められる職業や秘書などでは、致命傷だろう。

語尾を伸ばす。肯定なのか否定なのかわからない半疑問形で終わる。「って言うか」で話をつなぐ。「すごく」「かなり」「それから」「それと」などを多用する。言語センスの低さは、そのまま知的レベルの低さと言わざるを得ない。

反対に馬鹿丁寧ならばいいというものでもない。昨今はくどい言い回しが蔓延《まんえん》している。

「させていただく」「存じます」の乱用もそれだ。

「お調べさせていただきます」

「寸法を取らせていただいてよろしいでしょうか」

「お越しいただきたいと存じます」

敬語を無理に重ねるのは耳障りであるばかりでなく、オブラートに包むほど核心からずれていく。

このように敬語や謙譲語が使えることは、大人社会では不可欠だ。

それらの使い方を知りたい人は、優れたハウツー本が書店に山ほど並んでいる。

ここで本書が強調したいのは、それを積極的に、使う場に身を置く努力をすること。つまり学生時代から目上や年長者と話す機会を得るように、自ら努めるべきだ。

手始めに近所のおじさん、おばさんや学校の先生、祖父母を相手にきちんとした日本語で話をしよう。話しかけられてからではなく、こちらから進んで話しかけることだ。目上の人と話すには、敬語や謙譲語を道具にせざるを得ないのだから。

POINT▼　異世代や年長者と交流することで、日頃から敬語を使う練習を。

■「はい」と「いいえ」ばかりでは、会話がつづかない

採用の合否は「面接」以外では決まらない。適性試験やエントリーシートは材料に過ぎないのだ。どんなに出来が良くても、それが決定打になることはけっしてない。

その面接で、

「田中さん、ご兄弟は?」

「はい。三人です」

「あなたが長男ですか?」

「いいえ、兄がおります」

「そうですか。お兄さんはどちらにお勤めですか?」

「教師をしています」

「お兄さんの他には？」

「ふたつ下の妹が大学二年です」

これでは会話が成り立たない。

面接官は「やってられない」と、うんざりするにちがいない。

これから社会に出ようとする人間が、これでは困る。

たとえば家族構成であるなら、

「はい。三人兄弟で、上の兄は神奈川で教師をしております。妹は今年大学二年で＊＊女子大に通っております。父が警官だったせいか、子どもの頃から兄弟全員、柔道を習い、中学から大学まで私は柔道部に所属しておりました」

くらいのショートストーリーは話してほしい。

面接は小学生相手の質問ではない。ビーフンのようにブチブチに切れ、一言ずつで片付いてしまうのを会話とは言わない。相手が何を知るために、その質問を投げてきているのか、その意図を的確に摑んだ上で答えを返さなくてはならない。

質問の意味が読めず、どう答えてよいかわからない時には、遠慮なく確認すべきだ。曖味なまま、ズレたことを答えるより、ずっと良い。

「ご質問の意味は＊＊＊という理解でよろしいでしょうか？」

この確認が、あなたのピンチを救う。

そして会話を進める上であなたが留意すべきなのは、答えの中に次に展開しそうな要素や伏線を用意しておくことだ。相手が関心を示し、あなたの有利な展開につながりそうな話のネタをさりげなく織り込む。

かといって長すぎる話はNGだ。複数学生との面接では、自分ひとりが時間を独占することは許されない。面接にたどりついたなら、なめらかでキレの良い受け答えひとつがあなたの合否を分けるだろう。

POINT▼ 質問には尋ねられた意図を汲み、肉づけした答えを返す。

■相手の心に響かない、つまらない話

「私の強みはリーダーシップのあるところです」

「長所は粘り強いことです」

「友人からは信頼され＊＊を任されました」

これらの話は、どのくらい採用担当者の心に届くだろう。新鮮さも期待も持たれない話。自分という人間をわかってほしいと思うなら、話の組み立ては重要だ。

たとえば、次の二人の学生のうち、どちらか一方を採用するという場面で、あなたが採用担当者ならどちらの学生に興味をもつだろう。

【Aさん】

「私の長所は相手の立場になって考え、行動できるところです。神戸の震災の時には友人とある老人ホームに手伝いに行きました。ボランティアと言えども、職員さんと一緒に朝から夜までひとりで二〇人ほどのお世話をするハードワークでした。このボランティアを通してたくさんのことを学びました。お年寄りおひとりおひとりの性格やペースが異なるため、手助けを喜んでいただける場合もあれば、むしろプライドを傷つけてしまうこともありました。この経験を通して、それぞれの方が今何をしてほしいのか、察しながら行動することを学びました」

【Bさん】

「私も神戸の震災の折にはボランティアに参加したひとりです。しかし私には苦い経験となりました。行く前に大学のゼミの先生から『君たちが行っても役にたたない』と言われました。しかし私たちは体力にも自信があり、何かしたいという気持ちが勝って出かけていきました。先生からいくつか注意がありました。ひとつは現地へは自分の分の食料を持っていくこと。現地の食料は被災された方たちのためのものだから君たちが手をつけてはいけない、食料が尽きたら一度戻ること。乾いた場所は避難された人の場所で君たちのものではない。君たちは濡れた地面に寝袋で寝る覚悟で行くこと。さらに、どんな仕事でも選んではいけないことなどでした。相当の覚悟で行ったつもりでしたが、被災地では自分が何もできないということに直面し、今の自分ではだめだと強く思いました。結局、惨敗の気分で戻ることになったのです。私はこの時、いつか自分に力をつけて、専門分野で必ず役に立つ人間になると決めました。御社に就職を希望するのも、それにつながる仕事だと思うからです」

基礎人間力の章でも書いたが失敗や苦難の経験の中からの再発見が、人の心を打つのだ。どういう組み立てをすると相手の胸に届くのか、という点を整理してほしい。あなたの本番の備えになるはずだ。

POINT▼　自分を語る場面では、失敗や苦労話を織りこんだほうが相手の心に届く。

■印象を下げるだけの、してはいけない質問

「何かご質問は?」

企業担当者の問いかけに、きびきびと質問ができれば、その積極性は当然評価されるだろう。しかし逆の場合もある。

「御社の研修制度について教えてください。また、そういった研修の機会を通して、どんな資格が取得できるのでしょうか?」

「御社の年次休暇について、具体的に教えてください」

「御社では、男性が育児休暇を取っていますか?」

このような質問が、採用担当者の心証を上げるとは思えない。担当者はむろん親切に答えてくれるだろうが、内心、しらけた気持ちだろう。自分の利害に偏った質問はしてはい

けない。

では、どのような質問をすればよいのだろうか。

「過日新聞で見たのですが、＊＊は御社の業務にどのように影響するとお考えですか？何か動きがあれば教えてください」

「少し前ですが、御社の＊＊＊開発について新聞で拝見しました。＊＊＊という意味が理解できませんでした。もう少し教えていただけますか？」

その会社がどういう方向をめざしているかを積極的に知りたいという内容の質問が出てくると、担当者も「おおっ」と思うにちがいない。

そのためには、入社を希望する会社の情報を、日頃から集めていなくてはならない。ホームページで発表されている情報より深く。早くからビジネス雑誌や新聞に目を通すことも必要だろう。

担当者から「あなたはどう考えるか？」と切り返されるかもしれない。周辺の情報を集めるのと同時に、自分なりの見解をまとめておこう。

参考までに、冒頭の質問に面接官に代わって答えよう。

「みなさんが自己のスキルを上げるために、会社は時間と予算をつけることはできません。あなた方はもう十分にお金をかけて学んでこられました。まだ何かしてもらう側だと思っているのなら、それは思い違いではないでしょうか。次の世代に恩恵を譲り、支える側になるのが社会に出るということです。資格が必要なら、自分の時間とお金を使ってください。会社において、ひとつ身につくとしたらそれは資格ではなく能力です。『対人能力』と言っていいでしょう。仮に女性のみなさんが結婚し、出産で一度退社したとしてもこの能力があれば、再び社会に出ようと思う時に困ることはありません。どんなにすばらしい技術や資格を持っていても、技術革新のスピードの前では、わずか数年で使い物にならなくなるでしょう。しかし時代がどのように変わっても、どの時代にも重要であり、一度身につけば離れることのないのは『対人能力』なのです。それこそが、生きて行くのに一番大切な能力だとは思いませんか？」

POINT▼ 質問では、その企業に対する積極的姿勢を示せ。

■運動部が有利というのは本当か？

「未確認生物研究会」
「スイーツ研究会」
「サルサ同好会」
「ロシア民謡研究会」
「鍾乳洞探検同好会」
「フットサル同好会」
「ミジンコ研究会」
「磯釣り同好会」

どんなに珍しい活動のサークルであっても、その部長をしたくらいの経歴は、人事担当者の興味を引くことはない。全国から集まるエントリーシートは、その手の物珍しいサークルの記載だらけなのだ。

一方、六大学の野球部に所属していた、あるいは箱根駅伝の三区を任された、などはそれだけで即採用となるにちがいない。なぜなら、疑う余地のない真剣な四年間が存在するからだ。気が向いた時だけのお遊びサークルとは本気度が違う。

ということは運動部だけが有利で他はダメなのか？

一概には言えないが、企業の論理はこうだ。運動部員は日々厳しい練習に耐えてきた。その根性は、精神力という点で大いに評価できる。運動部員が体力気力ともあわせ持っていることは否めない。

さらに運動部はそのほとんどがチーム競技だ。部内での先輩後輩の関係は明確であり、礼儀を叩き込まれる。自分が欠けるとどれほどチームに迷惑がかかるかというようなメンバーシップも責任感も、すでに備わっている。会社が一から教える必要がないのだ。当然運動部には一目をおくだろう。

しかし、音楽であっても、芸術であっても、文系であっても、本気で取り組み、その中であなたが成長したストーリーがあるのなら、それはそれで十分評価してもらえる要素だ。自信を持って臨めばいい。

問題はどのサークルにも所属して来なかったあなただ。もしあなたがそれに該当するのなら、今からでも、何かに取り組むべきだ。後発のあなたが本気の運動部に並ぶのは少々ハンディが大きい。それを補うには「社会的」な価値を生むものに深く関わるか、異世代、他校など、通常の枠を超えて活動する組織を選ぶかだ。

もし単独でがんばるのなら、楽に到達できるものを選んではならない。長期の休みを使って自転車で日本一周にチャレンジするとか、四国霊場をお遍路で廻るとか、普通の人間が困難だと思うことに挑戦することは運動部の四年間に十分匹敵するだろう。

POINT▼　学生のうちに、困難な目標、つらい行程に挑んだ体験をしておけ。

■お世話になった人に無礼はないか？

コネクション・パワーもひとつの戦略だと前章で書いた。ところが他人の力を借りる時には深々と頭を下げておきながら、その後どうなったのか、プツリと音信がないなどという例も多い。これでは社会人失格である。

親や知人の縁で紹介をもらったり、ＯＢだというだけのつながりで何度も連絡を取らせてもらった相手に、内定を取れた時はもちろん、仮に不合格であったとしても、お世話になったお礼と報告くらいは礼儀を尽くすべきである。

人生は不思議なもので、同じ人間とどこかでまためぐりあう。仕事上の取引であったり、プライベートな縁であったり。そんな時に過去に不義理をした人間は相手にされない。二度目はないのだ。

こういう人間が社会に出て円滑な人間関係を築けるはずがないし、あなたの縁者の評判まで落とすのだということを、覚えておいてほしい。

そしてOB訪問した相手にも、あなたについての、社への報告義務があるということも知っていたほうがいい。あなたの非礼が、どこでどう作用するかわからないのだ。

POINT▼お世話になった相手には、合否にかかわらず必ず報告をする。

付章　保護者のみなさんへ

■子どもの足を引っぱる保護者の存在

本章は就活中の学生に対してでなく、保護者のみなさんに読んでいただきたいコーナーである。

今の学生は保護者、とくに日常的に母親の影響や干渉を強く受けており、親の子離れ、子どもの親離れの双方ができず、就活にも少なからぬ影を落としている。

企業訪問や説明会を親御《おやご》さんが申し込んできたり、極端な例では、内定辞退まで母親が電話してくるということまである。

「これでは成人を過ぎた若者の自立が、親御さんによって妨《さまた》げられている」と思わざるをえない。

また、親御さんの過度の期待が、本人の資質と合わない無理な就活に走らせ、不幸な結果を招くことも、ままある。

これから社会に出てゆくお子さんにとって、真に支援になることとは、子どもの頃からの社会マナーの習得であったり、家庭内の社会教育などであり、家庭環境と親の価値観が大きく影響する点を保護者のみなさんにも再認識していただく必要があると考え、最後にページを割いた。

やや辛口になるが、今、就活に汗を流しているお子さんのためにも、どうか心に留めていただき、これからでもまだ間に合う項目のひとつでも二つでも、実践励行していただければと思う。

■親の虚栄心が、子どもの将来を狂わせる

入社式にまで付き添ってくる保護者。昨今は親、とくに母親の干渉が強い世の中だ。

その強い影響力を持つ保護者が子どもに自分の価値観を押しつけがちなのが、就職先選択の場面だ。

たとえば、全盛期の日本航空を知る母親は、娘を航空会社に入れたがる。また、外資系証券会社で高給を取っていた親は、同じく外資系を勧める。

しかし世界相手のグローバルな競争社会、技術革新のスピードはすさまじく、先進企業すら明日は不透明なこの時代、「株の天井買い」はきわめて危険と言わざるをえない。いつ「天井買いの底値売り」に転ずるかわからない。

仮に今、一流と言われる企業に入社させたとしても、それがいつまで続くか保証の限りではない。日航しかり、リーマンショック以降の外資系証券会社しかりである。

そこで、まず親こそが「大企業願望」を捨てる必要がある。

従順な子どもたちが親の期待に応えるべく、大企業をあてもなく回っているうちに、イス取りゲームのイスは埋まってしまう。競争過多で成功率の低い大企業を、戦意を喪失するまで回らせる愚を親としておかすべきではないだろう。

その時間とエネルギーを子どものやりたい方向に向かわせ、見守ってやるスタンスをとるべきではないだろうか。

やりたいことが明確な子どもならば、視野を中堅の特色ある企業に向けることもあるだろう。そこには大企業とは異なる豊かでやりがいのある人生が待っている可能性もある。そうしたしっかりした志望や意志を持つ子どもであれば、たとえ失敗しても本人が納得し、次のチャレンジに備えることもできる。

一歩間違えれば人生そのものの先行きを左右する社会の入口で、就職浪人やニートと背中合わせの危険な賭けをさせているのは、実は親の虚栄心や過去の価値観の影響だという事実を、この際深く認識してほしい。

むしろ子どもの将来を子ども自身が切り開く底力こそを、しっかりと身につけさせて社会へと送り出してほしいものである。

■異世代間交流の不足が、コミュニケーションのできない子をつくる

現代の子どもたちの最も弱い部分、それは異世代とのコミュニケーション力だ。彼らは同世代の同性間としか付き合いがない、きわめて狭い世界で生きている。中でも顕著なのが女子高校生・中学生だろう。中には父親を含む中年男性を極端に毛嫌いする態度の者もある。長距離電車の隣席には鞄を置いて他者を近づけない、父親の下着を箸でつまむなど、もはや一種の病気に近い異常さだ。

隣国韓国は、儒教思想により、年長者に礼儀と敬意を欠かさない。中国の大家族主義もまた、目上の者に礼を尽くす。戦後の日本だけが、「中年男性忌避症候群」ともいうべき情けない国になってしまった。

しかし彼女たちは気づいていない。入社試験に臨んで自分の人生を決定するかもしれない面接官がそうした中年男性であることに。

そんな彼女たちが就活に直面し、マニュアル本を読んで一夜漬けの面接技術を叩き込んでも時遅しである。世代も違い、おまけに忌避してきた中年男性と、たとえ短い時間でも巧みなコミュニケーションなどとれるはずもない。

一方、彼女たちのライバルである日本企業に進出するアジアの青年たちは、子どもの頃から年長者を敬い、コミュニケーションに長《た》けている。

ではどうするか。

今からでも良い。近所のおじさん、おばさんに日常的に挨拶をさせ、経験を積ませることだ。

「おはようございます」で終わらない天気や時候、景気や病気見舞いの言葉など、会話に慣れさせておく。

親戚の集まる行事、冠婚葬祭なども大人たちに混じって積極的に手伝わせる。そういった機会を通して異世代と巧みに会話をする能力は磨かれてゆく。

こうした付き合いで鍛えられた娘さんや息子さんは、面接の場面でも気おくれすることなく自然なコミュニケーションがとれるはずである。加えて動きがちがう。周りへの気配り、年長者への自然な敬意や態度は、その人物の評価につながるにちがいない。

■父性の消えた家庭で、子どもの社会性は育たない

親子が夕餉《げ》の食卓を囲む。日本からそんな風景が消えた。親子の会話の減少が家庭内暴力の遠因のひとつにもなっている昨今、親の価値観を見せて育てないことは、子どもから「社会性」という基礎能力も、また奪ってきたのである。

子どもたちが自分の生きる社会について、確固とした政治観、社会観、歴史観、あるい

はヒューマニズムなどを形成してゆく過程に、父親の役割は大きい。

子どもには受け入れがたいそれであっても、父親は自らの価値観を押しつけるのが役割という一面を持っていたし、それが許されてもいた。

身近なところで典型的な例は、あなたも知っているテレビドラマ『北の国から』の父親、黒板五郎だ。

社会はいかにあるべきか。その中で個人はいかに生きていかねばならないか。社会や政治や企業の不合理、不条理、不正、悪などに対し、きちんとした理念や批判精神を持って立ち向かい、強い正義感や公共心を持つ子を育てるのが父親の役割だったのである。

母親が主として個人の人間性の陶冶《とうや》や正しい生活態度、あるいは躾《しつけ》を中心に子どもを育てる役割を担うのに対して、父親は、社会と自己との関係を教えるのが役割だ。

しかし、それは崩れた。社会を教える存在がいなくなってしまったのだ。不在がちで家庭内の位置が曖昧な父親は、存在感すら希薄である。

加えて「ともだち親子」などという妙な風潮や教育汚染が拍車をかけ、背骨のない子どもたちばかりが大人になってゆく。

少子化は親の過保護や過干渉に拍車をかけ、社会という冷たい水に手すら入れずに育ってきた子どもたちが、社会に出た途端に冷たく厳しい野外に放り出される。

このように父性の消えた家庭環境は、就活で裏目に出やすい。面接では、その人間の自立度と、いかなる社会性を持った人物かを確認されるからだ。

ゆえに家庭ではたとえ少ない機会であっても、父親は社会や政治に対する自らの価値観を語り続けるべきである。選挙日に投票にも行かず、ゴルフに出かけるような父親の下では、きちんとした社会観や国家観を持った青少年は育たない。

家庭内で日常的に政治や社会の在り方への闊達《かったつ》な意見交換をし、遠慮なく父親の価値観を子どもに伝えていただきたい。

■喜怒哀楽がそろってこそ

このたびの東日本大震災で、政治が一向に被災者の救済と原発事故の収拾に機能せず、無責任な政争に明け暮れていることに対し、わが国の学生や若者からまったく抗議行動がみられない現実に、本書の中でも不満と批判を述べた。

政治や社会の不条理や理不尽に対して抗議に立ち上がることこそ、学生の特権であり、使命だと信ずるからだ。

中東の民主化運動しかり。中国や韓国のちょっと見当違いの日本への抗議運動もそう。内容はともかく、どこも若者が中心になって国民運動に発展した。

ところが日本ではどうか。原発事故や政治の無責任への抗議運動に、学生が立ち上がった姿はまったくない。今、日本の若者には何か大切なものが欠けてしまっていることを指摘しないわけにはいかない。

少子化社会は、一家庭に男児がひとりかせいぜい二人。幼い頃から大事に育てられ、学校では競争はいけないことだという建て前で、駆けっこにも順位をつけない驚くべき教育。そのくせ、いい学校に入るため塾や予備校では、一歩でも他人の先を行くのが当たり前という公然の競争社会。

現代の多くの家庭では、社会の不条理に敢然として立ち向かうのが男という、父親が本来果たすべき価値観教育が消え、逆に父親は友達という悪環境に加えて、甘いか、口やましいかの母親の過保護と過干渉。

「叱ること、怒ることは悪いことだ」という戦後社会の教育汚染もその悪環境に輪をかけてきた。若者が育つ環境としては、今の日本はまことに不幸な環境なのである。

今の若者に最も欠けている気質を一言で言ったら何だろうか。

それは人間が人間である証拠、「喜怒哀楽」のとくに「怒」がないことだ。

「『怒』がない？　そんなことはない。今の若者はすぐキレて、犯罪や事件が多発しているではないか」

という指摘があるだろう。それは一面真実である。

しかし、今の若者のキレ方はまともに育った人間の本当の『怒り』ではない。逆に正しい怒りの表明の仕方がわからないから、もやもやとした制御不能の感情を爆発させているに過ぎない。

その最大原因を、筆者は父権の崩壊にあると断言してはばからない。いい父親は友達のような存在だという、とんでもない誤解と錯覚の横行が原因なのだ。

父親は子ども、とくに男児にとって受け入れがたいかもしれない自己の価値観を教えるために存在していることを声を大に訴えたい。その厳しい躾や教育に、男の子は当然反発して育つ。それが長く尾を引けば、父親の死の寸前まで子に理解されないかもしれない。

しかし、まともに向き合って育てた子は、必ず父の愛情をいつか理解できる子に育つ。そして親の生き方を自己の鑑《かがみ》として人生を生きる確率は、きわめて高い。

「The Society without Father＝父なき社会」。父権不在の

社会が招いた不幸な歪みを知って、その是正に努めてほしい。

そして現代社会ではキレる子以上に問題なのが「草食系」とも呼ばれる「怒」が完全に欠け落ちた一群だ。あるいは皆に混じって学食で昼食が取れず、トイレでひとり、コンビニ弁当を食べる「便所飯族」などという想像もできない者たちの存在まである。

この「コミュニケーション不適症候群」とも言うべき気の毒な一群には、「喜怒楽」もなく、あるのは「哀」だけなのであろう。

何かが狂ってしまっている。人間は本来「喜怒哀楽」が揃って人間なのだ。

中国の聖人・孔子《こうし》も、キリストも怒りの表現は常人以上で、そばにも寄れないほどの凄まじさだったという。

わが国の企業人でもホンダの本田宗一郎《ほんだそういちろう》氏、松下電器の松下幸之助《まつしたこうのすけ》氏など日本中の人々からあまねく尊敬されている名経営者も、怒った時はすごかった、と多くの著作物に書かれている。

義憤をバネにして今日のヤマト運輸を築きあげた小倉昌男《おぐらまさお》氏も正しい「怒」の人だっ

た。

保護者、とくに父親のみなさん、どうか今からでも、就職に臨むお子さんに、社会のあるべき姿と実相を、きちんとご教示願えればまことに嬉しい限りである。

最後に、ひとつの詩を紹介して本書の締めとしたい。

こどもたちよ　　茨田《ばらだ》晃夫《あきお》

私がお前たちに遺してあげられるものは　あまりにも少ない
兄弟喧嘩も起こらないほどの僅かな財産と
正直なだけがとりえの血筋
何枚かの写真
そして書棚の古びた本と　読書を苦痛に感じない習慣……
伝えるものはそれがすべてだ

地位や名誉が欲しければ自分で手にすればいい
愛もまた同じだ
それは私が遺してゆくものではない
自分で考えろ
自分で選べ
自分で生きろ
そのために必要なことは教えてきた

ただひとつ言っておこう
読書を怠るな

もちろん本からの知識がすべてだとは言わない
多くの人と出会い、経験を重ねることによって、人は真に成長する

時には書を忘れ酒盃をくみかわすのもいい
しかし読書は怠るな
想像の翼を持たない者はいつまでも夢に届かない
幸いお前はインクの染みのような活字の羅列から物語を想像する力を持っている
小さい頃、寝床で本を読んできかせると、お前は目を輝かせていた
その頃の興奮を忘れないでほしい

こどもたちよ
私がお前たちに遺してあげられるものは　あまりにも少ない
兄弟喧嘩も起こらないほどの僅かな財産と
正直なだけがとりえの血筋
何枚かの写真
そして書棚の古びた本と　読書を苦痛に感じない習慣……

この詩はひとりの出版人が読書週間に寄せて創ったものだが、親として子に与えるべきは、こういう精神と生き方ではないだろうか。

あとがき

学生と社会人の違いは何だろうか。仕事も社会もアルバイトで経験したつもりのあなたであっても、実社会は別次元のものである。

譬《たと》えれば、春に生まれたツバメの雛《ひな》がはじめて渡りに出るようなものだ。まだ十分に育ちきらない翼でも、一旦飛び立ってしまえば数千キロの海を越えて行かなくてはならない。途中でやめるわけにはいかないのだ。

あなたたちにはこの先、今までのように知らないことを「聞いていない」「教えてもらっていない」「マニュアルに書かれていなかった」と言うことは許されない。

社会人にとって知らないことは自己の不勉強であり、もっと厳しい言い方をすれば、時代小説によく出てくる「士道不覚悟」ならぬ「企業人不覚悟」とでも言うべきことと知ってほしい。

今後はなにごともその場で考え、自分で解決してゆかなければならない。

本書が就活のハウツー書でなく、新たにひとりの企業人として生きて行くために最も肝心な「基礎人間力」を主テーマにすえたのはそのためである。

甘いお菓子やジャンクフードがその場限りの浅い満足を与えてくれるのに比べ、少々骨っぽくても自分の歯とアゴで嚙み砕いて栄養に変えてこそ生きる力となる。

就活に明け暮れるあなたは、「就職」という言葉の意味を正しく理解しているだろうか。

就職は文字どおり職業に就くと書く。会社に入る、ではないのだ。

職業の中には命を懸けるものがいっぱいある。漁師は「板子《いたこ》一枚下地獄」といわれる死と背中合わせの毎日だ。家族は毎朝祈るような気持ちで夫や息子を送り出す。消防士もしかり。日々一瞬も気の抜けない危険との戦いである。命まで懸けずとも医師や看護師は注射ひとつ間違えたら取り返しがつかない緊張感の中に身を置いている。今回の大震災で原発事故の収束に従事する作業員も、まさに命を懸けている。

職業とは程度の差こそあれ、他人のために命を懸け、緊張の中に身を置き、奉仕に明け暮れるものだ。つまり、自己の心、命、身体、時間を他人《ひと》のために使うのが職業である。

この厳しい自覚と矜持《きょうじ》なく、ただ会社に入り、収入を得ると考えているのなら、たいへんな勘違いであり、この姿勢は企業側に透けて見える。社会に出る時には厳しさと真剣さを兼ね備えた仕事観と、人生を懸ける気概を持って臨まねばならない。

就活はあなたたちにとって大きな試練であるが、あくまで本番は社会に出てからである。そのスタートラインに立つ準備も同時にしておかなくてはならない。きちんと雨風に備え、毛（羽根）づくろいをし、その時を迎えるのだ。

筆者はこれまでほぼ四〇年余、小売業チェーンの経営トップを務めるかたわら、さまざまな企業や組織から乞われて企業内研修、講演などを延べ五〇〇回近く行なってきた。

それはスーパー、薬局チェーン、書店チェーン、ホームセンターなど流通小売業。食品・精密・電気・機械など製造業。地銀・信用金庫・証券会社など金融業。会計事務所。出版社・印刷会社・広告会社などクリエイティブ業界。NTT。農協（JA）諸団体・農業大学校の学生。県職員・全県の高校職員・中学校職員。郵政局新人・地検の職員研修。

その他経営者協会・商業界全国大会・各地のＪＣ研修会など、その業種や組織団体は多岐にわたった。

それらの研修を通じて蓄積された経験と、回を重ねて効果が高まってきたメソッドを活かして、就活と良き企業人の育成のためのユース・ビジネス・アカデミーを開講、その使用教材の中のごく一部をまとめたものが本書である。

当アカデミーを主宰する筆者が二、三〇年前の若き日、多くのコンサルタント諸氏やその講座で学び、影響を受けた言葉や事例なども、本書には一部形を変えて引用させていただいた。

中でも、筆者の思考や発想の原点となっているのは、当時わが国の数多くの有名企業の経営者が尊敬してやまなかった株式会社ビジネスコンサルタント会長吉田輝生《よしだてるお》氏だった。

驚くほど博識な氏の講義は、その鋭い洞察力と説得力で聴く者を魅了し、時に心が震えるほどの感動をもたらす名講義だった。若い筆者も一言一句聞き漏らすまいと謹聴したひとりである。

その強い影響を受けた自分としては、限りない尊敬や傾倒の意味もこめて、いくつかを日頃のアカデミーの講義で参考として引用させていただいている。語句や文言、あるいは講座の事例をそのまま使用してはいないが、氏に学んだものをお断りすることなく使用させていただいている点をこの紙上を借りてお詫びし、深い感謝を申し上げたい。

本書の出版に当たっては、その意義を認めてくださった祥伝社の竹内和芳社長に多大のご支援とご教示をいただいて、このように刊行をみたことはお礼の言葉もない。心から感謝を申し上げたい。

また、執筆に際して、筆者の見解や意図を若い人にわかるように書き直したり言い換える仕事をしてくれた、当ユース・ビジネス・アカデミーのチーフトレーナー藤田恵理子さんにも礼を申したい。

本書が就職活動にいそしむあなたたちの心に、なにがしかの変化を芽生えさせ、今までとは違ったものの考え方と新たな行動を起こすきっかけとなってくれれば、これに勝る喜びはない。ご健闘を祈ってやまない。

平野　稔　ひらの・みのる

1939年長野県生まれ。平安堂顧問、株式会社ユース取締役会長。現在ユースビジネスアカデミー（株式会社ユースグループ）塾長としてビジネスパーソンの戦力化にあたる。1986年以降自らの経営する書店チェーン「平安堂」（当時全国104店）のフランチャイズ化とその教育システムの構築に注力。書店新風会・書店用教育マニュアル＆VTRの制作監修ほか依頼を受け小売業を中心に500回を超える企業内研修・講演を行なう。その実績と経験をもとに、2010年ユースビジネスアカデミーを設立。就活学生からキャリアビジネスマン対象の「企業人セミナー」等を開催。就活セミナーは個人向けのほか、学内セミナーを20余の大学で開催。社会人向け「ビジネスアカデミー」についても独自の企業人育成プログラムが、女性総合職や中堅管理職の実践的スキルアップとして人気が高い。

株式会社　ユース
ユースビジネスアカデミー東京本部
〒111-0036　東京都台東区松ケ谷4-13-9-201
TEL（フリーダイヤル）0120-58-4050
E-mail　Info@youth-g.co.jp

切りとり線

★読者のみなさまにお願い

この本をお読みになって、どんな感想をお持ちでしょうか。祥伝社のホームページから書評をお送りいただけたら、ありがたく存じます。今後の企画の参考にさせていただきます。また、次ページの原稿用紙を切り取り、左記まで郵送していただいても結構です。

お寄せいただいた書評は、ご了解のうえ新聞・雑誌などを通じて紹介させていただくこともあります。採用の場合は、特製図書カードを差しあげます。

なお、ご記入いただいたお名前、ご住所、ご連絡先等は、書評紹介の事前了解、謝礼のお届け以外の目的で利用することはありません。また、それらの情報を6カ月を超えて保管することもありません。

〒101-8701（お手紙は郵便番号だけで届きます）
祥伝社新書編集部
電話03（3265）2310
祥伝社ホームページ　http://www.shodensha.co.jp/bookreview/

★本書の購買動機（新聞名か雑誌名、あるいは○をつけてください）

＿＿＿＿新聞の広告を見て	＿＿＿＿誌の広告を見て	＿＿＿＿新聞の書評を見て	＿＿＿＿誌の書評を見て	書店で見かけて	知人のすすめで

★100字書評……あなたが就職試験に受からない理由

名前

住所

年齢

職業

あなたが就職《しゅうしょく》試験《しけん》に受《う》からない理由《りゆう》

平野《ひらの》　稔《みのる》

2011年10月10日　初版第１刷発行

発行者………………竹内和芳
発行所………………祥伝社《しょうでんしゃ》
〒101-8701　東京都千代田区神田神保町3-3
電話　03(3265)2081(販売部)
電話　03(3265)2310(編集部)
電話　03(3265)3622(業務部)
ホームページ　http://www.shodensha.co.jp/

装丁者………………盛川和洋
印刷所………………萩原印刷
製本所………………ナショナル製本

Printed in Japan　ISBN978-4-396-11254-7　C0295

〈祥伝社新書〉
「資本主義」の正体がわかる1冊

063
1万円の世界地図
図解　日本の格差、世界の格差
1万円の価値は、国によって千差万別。「日本人は幸福か？」をデータで検証！
科学ジャーナリスト
佐藤　拓

066
世界金融経済の「支配者」
その七つの謎
金融資本主義のカラクリを解くカギは、やはり「証券化」だった！
経済ジャーナリスト
東谷《ひがしたに》　暁《さとし》

086
雨宮処凛《かりん》の「オールニートニッポン」
若者たちは、なぜこんなに貧しいのか？――歪《ゆが》んだ労働現場を糾弾する！
作家
雨宮処凛《かりん》

111
超訳『資本論』
貧困も、バブルも、恐慌も――、マルクスは「資本論」の中に書いていた！
神奈川大学教授
的場昭弘

122
小林多喜二名作集「近代日本の貧困」
『蟹工船』だけじゃない。さらに熱く、パワフルな多喜二の世界を体験せよ！

〈祥伝社新書〉
「できるビジネスマン」叢書

015
部下力 上司を動かす技術
バカな上司に絶望するな！　上司なんて自由に動かせる！
コーチング専門家 吉田典《てん》生《せい》

095
デッドライン仕事術 すべての仕事に「締切日」を入れよ
仕事の超効率化は、「残業ゼロ」宣言から始まる！
元トリンプ社長 吉《よし》越《こし》浩一郎

105
人の印象は3メートルと30秒で決まる 自己演出で作るパーソナルブランド
話し方、立ち居《い》振《ふ》る舞《ま》い、ファッションも、ビジネスには不可欠！
イメージコンサルタント 江木園《その》貴《き》

133
客観力 自分の才能をマネジメントする方法
オレがオレがの「主観力」や、無関心の「傍観力」はダメ！
プロデューサー 木村政雄

135
残業をゼロにする「ビジネス時間簿」
「A4ノートに、1日10分」つけるだけ！　時間の使い方が劇的に変わる！
時間デザイナー あらかわ菜《な》美《み》